AF827495

Joachim Henkel

Die Auswahl
der Parlamentsbewerber

Die Auswahl der Parlamentsbewerber

Grundfragen - Verfahrensmodelle

von
Joachim Henkel

1976

W DE G

Walter de Gruyter · Berlin · New York

CIP-Kurztitelaufnahme der Deutschen Bibliothek

Henkel, Joachim

Die Auswahl der Parlamentsbewerber: Grundfragen, Verfahrensmodelle. — 1. Aufl. — Berlin, New York: de Gruyter, 1976.

ISBN 3-11-007073-1

©

Copyright 1976 by Walter de Gruyter & Co., vormals G. J. Göschen'sche Verlagshandlung, J. Guttentag, Verlagsbuchhandlung, Georg Reimer, Karl J. Trübner, Veit & Comp., 1000 Berlin 30.

Alle Rechte, insbesondere das Recht der Vervielfältigung und Verbreitung sowie der Übersetzung, vorbehalten. Kein Teil des Werkes darf in irgendeiner Form (durch Fotokopie, Mikrofilm oder ein anderes Verfahren) ohne schriftliche Genehmigung des Verlages reproduziert oder unter Verwendung elektronischer Systeme verarbeitet, vervielfältigt oder verbreitet werden.

Printed in Germany

Satz und Druck: Saladruck, 1000 Berlin 36
Bindearbeiten: Wübben, 1000 Berlin 42

Inhalt

A. Grundfragen

1. Expansion des Legitimationsbedarfs?

Die von staatlichen und kommunalen Organen wahrgenommenen Aufgaben sind seit Gründung der Bundesrepublik in erheblichem Umfang gewachsen. Die Verfahren der Legitimation staatlichen und kommunalen Handelns haben sich jedoch in den vergangenen rund 25 Jahren nicht wesentlich gewandelt. Von daher erklärt sich (auch) die in der politischen Wissenschaft unter der Überschrift „Demokratisierung der Gesellschaft"[1] oder „Legitimationsprobleme im Spätkapitalismus"[2] geführte Diskussion. Die Tatsache erheblich gewachsener Staatsaufgaben bei unverändertem Verfahren der Legitimation staatlichen Handelns macht jedenfalls ein Nachdenken darüber erforderlich, ob und wie durch eine Stärkung der politischen Bürgerrechte der Abstand zwischen Wählern und Gewählten abgebaut, die Rückbindung staatlichen Handelns an den Konsens mit dem Volkswillen gewährleistet und damit die

---

[1] Zum Ruf nach „mehr Demokratie" oder „Demokratisierung" siehe: Wilhelm Hennis, Demokratisierung. Zur Problematik eines Begriffs, 1970; Demokratisierung — Colloquium über einen umstrittenen Begriff, in: Aus Politik und Zeitgeschichte B 18/71, S. 3—30 (künftig: Colloquium); Ulrich von Alemann, Demokratisierung der Gesellschaft, in: Aus Politik und Zeitgeschichte B 7/75, S. 3—16; Manfred Hättich, Demokratie und Demokratismus, in: Aus Politik und Zeitgeschichte B 44/68, S. 24—30; Dieter Grosser, Demokratietheorie in der Sackgasse?, in: Öffentliches Recht und Politik, Festschrift zum 70. Geburtstag von Hans Ulrich Scupin, 1973, S. 107; zum Demokratiebegriff siehe auch Manfred Hättich, Demokratie als Herrschaftsordnung, 1967; ansonsten die zahlreichen Nachweise in der Auswahlbibliographie Nr. 37 der Wissenschaftlichen Dienste des Deutschen Bundestages „Systemkritik und Systemstabilisierung. Zur Demokratiediskussion in der Bundesrepublik", 1974.

[2] Vgl. Jürgen Habermas, Legitimationsprobleme im Spätkapitalismus, 1973; ders., Legitimationsprobleme im modernen Staat, in: PVS, Sonderheft 7/1976, S. 39; Wilhelm Hennis, Legitimität — zu einer Kategorie der bürgerlichen Gesellschaft, in: PVS, Sonderheft 7/1976, S. 9; Claus Offe, Strukturprobleme des kapitalistischen Staates, 1972; Rolf Ebbighausen, Legitimationskrise der Parteiendemokratie und Forschungssituation der Parteiensoziologie, in: Jürgen Dittberner/Rolf Ebbighausen (Hrsg.), Parteiensystem in der Legitimationskrise, 1973, S. 13; vgl. auch Felix Messerschmid, Colloquium (s. Anm. 1), S. 3/4, der die Forderung nach Demokratisierung besonders aus der „dem Freiheitsbegriff innewohnenden Unbegrenzbarkeit" erklären will.

Identifikation des Bürgers mit seinen Repräsentanten gefördert werden kann[3].

2. *Renaissance der Lehren Michels' und Ostrogorskis*

Im Zuge der gewachsenen Staatsaufgaben und der dadurch aufgetretenen Legitimations- und Identifikationsprobleme haben die Lehren von Michels und Ostrogorski eine Renaissance erfahren[4]. Das von Michels zu Beginn dieses Jahrhunderts apostrophierte „eherne Gesetz der Oligarchie"[5], wonach sich auch in demokratischen Staaten oder Parteien zwangsläufig Oligarchien bilden, die zu einer Herrschaft der Gewählten über die Wähler führen, schien sich erneut zu bewahrheiten und diente als Grundlage für die Forderung nach Formen unmittelbarer Demokratie. Es sei nur hingewiesen auf die Diskussion der vergangenen Jahre zum imperativen Mandat[6], dem Rätesystem[7], einer verstärkten Mitwirkung

---

[3] Ernst-Wolfgang Böckenförde, Stärkung der Bürgerrechte im Rahmen des Wahlverfahrens, Drs. Nr. 115 der Enquete-Kommission Verfassungsreform des Deutschen Bundestages vom 18. Oktober 1974; vgl. die Berichte von Thomas Oppermann und Hans Meyer sowie deren Erörterung auf der Tagung der Vereinigung der Deutschen Staatsrechtslehrer vom 2.—5. Oktober 1974 zum Thema „Das parlamentarische Regierungssystem des Grundgesetzes. Anlage-Erfahrungen-Zukunftseignung", in: VVDStRL H. 33 (1975), S. 7—182 (künftig: Staatsrechtslehrertagung 1974); zur Frage der Funktion von Wahlen und dem notwendigen Einfluß der Parteimitglieder und der Wähler insgesamt auf die Auswahl der Kandidaten siehe bereits „Grundlagen eines deutschen Wahlrechts", Bericht der vom Bundesminister des Innern eingesetzten Wahlrechtskommission, 1955, bes. S. 41—44, 109—116 (künftig: Wahlrechtskommission).

[4] Vgl. nur Rolf Ebbighausen, Die Krise der Parteiendemokratie und die Parteiensoziologie, 1969.

[5] Robert Michels, Zur Soziologie des Parteiwesens der modernen Demokratie, Neudruck der 2. Aufl. von 1925 bei Kröner, 1957, S. 351 ff.

[6] Vgl. Udo Bermbach, Probleme des Parteienstaates. Der Fall Littmann, ZParl 1970, S. 342; Theodor Eschenburg, Abgeordnete als Befehlsempfänger. Das imperative Mandat im Widerstreit, in: Die Zeit v. 21. Juli 1972; Wilhelm Henke, Das demokratische Amt der Parlamentsmitglieder, DVBl. 1973, S. 553; Carl-Otto Lenz, „Ist die Freiheit des Abgeordneten veraltet und historisch überholt?", ZParl 1970, S. 478; Heinz Rausch, Freiheit der Mandatsträger, ZParl 1971, S. 311; Günter Trautmann, Parteienstaatliche Verfassung und freies Mandat, ZParl 1971, S. 54.

[7] Vgl. Udo Bermbach, Rätesystem als Alternative? Zum Repräsentationscharakter direkt-demokratischer Organisationsprinzipien, in: Probleme der Demokratie heute, 1971, S. 110 (= PVS, Sonderheft 2/1970).

des Bürgers an Planungsvorhaben im Bereich seiner näheren Lebensumwelt[8] oder zur Vergesellschaftung weiter Wirtschaftsbereiche[9] mit dem Ziel, dadurch den betroffenen Arbeitnehmern, Konsumenten und anderen gesellschaftlichen Gruppen Einfluß auf Produktion und Investition der vergesellschafteten Unternehmen zu geben.

Die Thesen von Michels sind ungemein plastisch und eingängig formuliert und scheinen in ihrer Aussage auch den Zustand der heutigen Parteien treffend zu charakterisieren[10]. Michels geht bei seinen Thesen aber von einem Demokratieverständnis aus, das sich für die moderne Massendemokratie als ungeeignet erwiesen hat. Für ihn sind Parlamentarismus und Demokratie unvereinbare Gegensätze. Er sieht die Unmöglichkeit unmittelbarer Volksherrschaft und hält dennoch am Leitbild der unmittelbaren Demokratie im Sinne Rousseaus fest, da seiner Ansicht nach jede Form indirekter Demokratie notwendig einen oligarchischen Charakter annimmt. Die Aussagen der Parteiensoziologie von Michels beruhen daher auf einem Demokratieverständnis, das mit dem Repräsentativsystem des Grundgesetzes nicht in Einklang gebracht werden kann[11]. Eine Parteiensoziologie sollte jedoch nicht den Bezug zum gegebenen Regierungssystem übergehen, da sie sonst Aufbau und Funktion der Parteien soziologisch wie rechtspolitisch nicht zutreffend erfassen und beeinflussen kann[12].

Ostrogorski[13] geht demgegenüber nicht von einer grundsätzlichen Unvereinbarkeit von Demokratie und Parlamentarismus aus. Seine Vorschläge, dem „ehernen Gesetz der Oligarchie" zu entgehen, laufen vielmehr darauf hinaus, das bestehende Parteiensystem durch politische Bürgervereinigungen abzulösen, die sich für begrenzte Dauer und beschränkt auf bestimmte Anliegen

---

[8] Vgl. die Beiträge zum Thema „Planung" auf der Tagung der Deutschen Vereinigung für Politische Wissenschaft in Mannheim, 1971, in: Gesellschaftlicher Wandel und Innovation, 1972; siehe auch die Nachweise in Anm. 19.

[9] Vgl. dazu Joachim Henkel, Verstaatlichung der Banken?, DVBl. 1975, S. 317.

[10] Vgl. Maurice Duverger, Les partis politiques, Paris 1951, S. 159 ff. (161).

[11] Vgl. Wilhelm Henke, Das Recht der politischen Parteien, 2. Aufl. 1972, S. 51/52.

[12] Vgl. Werner Conze, Nachwort zu Michels, a. a. O. (s. Anm. 5), S. 394/95.

[13] Mosei Ostrogorski, Democracy and the Organisation of Political Parties, 2 Bde., hrsg. von S. M. Lipset, Chicago 1964.

immer von neuem bilden sollen[14]. Auch diese Vorschläge gehen an der im gegenwärtigen Regierungssystem der Bundesrepublik den politischen Parteien zugewiesenen Rolle vorbei und können nur bedingt für deren Fortentwicklung nutzbar gemacht werden[15]. Dennoch sind die Fragestellungen und Beobachtungen von Michels und Ostrogorski bis heute bedeutsam und fordern dazu heraus, über „mehr Demokratie" innerhalb und außerhalb der Parteien nachzudenken.

3. *Die Parteien im Repräsentativsystem des Grundgesetzes*

Die politischen Parteien spielen im System der repräsentativen parlamentarischen Demokratie des Grundgesetzes die wesentliche Mittlerrolle. Sie nehmen die unterschiedlichen und vielfältigen Interessen der Bürger auf, bringen sie in sich zu einem ersten Ausgleich und tragen sie dann hinein in den staatlichen Willensbildungsprozeß. Ihr bisheriges Wirken hat wesentlich zum Wachsen der parlamentarischen Demokratie in der Bundesrepublik beigetragen und die mit der „Mediatisierung" des Volkes durch die Parteien verbundenen Befürchtungen[16] ausgeräumt[17]. Es ist daher entscheidend, daß die Parteien auch in Zukunft ihre Mittlerrolle zwischen dem Bürger und den staatlichen Organen erfüllen können. Diese Mittlerrolle wird der Bürger aber umso mehr annehmen, wenn er Einfluß auf die Personalauswahl der Parteien besitzt. Er wird dann umso eher auch die notwendigen Sachentscheidungen der staatlichen Organe bejahen oder doch zumindest hinnehmen. Es soll daher hier im Rahmen der allgemeinen Diskussion um „mehr Demokratie" konkret die Frage behandelt wer-

---

[14] Ostrogorski, a. a. O. (s. Anm. 13), Bd. 2, S. 356 ff.

[15] Von den Gedanken Ostrogorskis beeinflußt zu sein, scheinen die Vorschläge Kaltefleiters für eine Parteimitgliedschaft auf Zeit im Hinblick auf eine Mitarbeit an bestimmten Sachaufgaben (Werner Kaltefleiter, Wandlungen des deutschen Parteiensystems 1949—1974, in: Aus Politik und Zeitgeschichte B 14/75, S. 3 [10]; ders., Probleme demokratischer Legitimation politischer Herrschaft, in: Aus Politik und Zeitgeschichte B 47/75, S. 29 [38]).

[16] Werner Weber, Spannungen und Kräfte im westdeutschen Verfassungssystem, 1951, S. 20.

[17] Wilhelm Hennis, Die Rolle des Parlaments und die Parteiendemokratie, in: Richard Loewenthal / Hans-Peter Schwarz (Hrsg.), Die Zweite Republik, 1974, S. 203 (213).

den, ob und wie der Einfluß des Bürgers auf die Auswahl der Parlamentsbewerber verstärkt werden kann. Andere Wege einer Stärkung der politischen Bürgerrechte, sei es durch Einführung von Volksentscheiden, Volksbegehren oder der unmittelbaren Wahl des Bundespräsidenten[18], die Erweiterung von Mitspracherechten bei staatlichen und kommunalen Planungsvorhaben (auch durch eine Institutionalisierung von Bürgerinitiativen)[19] oder durch Schaffung eines Wirtschafts- und Sozialrates[20], sollen demgegenüber hier zurücktreten, zumal bei ihnen weithin die Gefahr besteht, daß sie die Vermittlerrolle der politischen Parteien erschweren und sich dadurch für das Gesamtsystem nicht integrationsfördernd, sondern eher desintegrierend auswirken könnten.

4. *Die Führungsauslese der Parteien*

Eine der wichtigsten Aufgaben der heutigen „Volksparteien" besteht darin, Führungspersonal für die wesentlichen politischen Ämter zur Auswahl anzubieten[21]. Je weniger der Bürger in einer

---

[18] Siehe dazu die Erörterungen in der Enquete-Kommission Verfassungsreform des BTages in Prot. Nr. 22/24—43 vom 26. Sept. 1975, die Übersicht über „Plebiszitäre Elemente in der WRV, dem GG sowie in den Verfassungen der Länder der Bundesrepublik Deutschland" in Drs. Nr. 124 v. 12. Dezember 1974 und die Stellungnahme von Böckenförde, a. a. O. (s. Anm. 3), S. 11/12; vgl. auch Oppermann, a. a. O. (s. Anm. 3), S. 63 (LS 10); H. Meyer, a. a. O. (s. Anm. 3), S. 115 (LS 28) und S. 116 (LS 29); Werner Weber, Mittelbare und unmittelbare Demokratie, in: Ulrich Matz (Hrsg.), Grundprobleme der Demokratie, 1973, S. 245 (268/269).

[19] Vgl. nur Bernt Armbruster / Rainer Leisner, Bürgerbeteiligung in der Bundesrepublik, 1975; Ulrich Battis, Bürgerinitiativen als Gegenstand der Gesetzgebung, ZParl 1975, S. 139—149; Jürgen Dittberner, Bürgerinitiative als partielles Partizipationsbegehren, ZParl 1973, S. 194—207; Jürgen Jekewitz, Beteiligung des Bürgers an Verwaltungsentscheidungen, insbes. an der Planung, in: Freiheit und soziale Demokratie, 1975; Udo Kempf, Bürgerinitiativen — neue Formen politischer Beteiligung, 1974; Renate Mayntz, Politische Planung und demokratische Beteiligung, 1971; Offe, a. a. O. (s. Anm. 2), S. 140—151; Zur Rolle und Funktion von Bürgerinitiativen in der Bundesrepublik und West-Berlin, ZParl 1973, S. 247—286.

[20] Siehe dazu nur die Stellungnahmen von Lemke, Friedrich Schäfer und Klaus Stern für die Enquete-Kommission Verfassungsreform des Deutschen Bundestages, Drs. Nr. 128 v. 27. Januar 1975, Drs. Nr. 144 v. 23. Juni 1975 und Drs. Nr. 141 v. 21. Mai 1975 sowie deren Erörterung in der 23. Sitzung der Enquete-Kommission am 24. Oktober 1975, Protokoll Nr. 23/4—47.

[21] Wilhelm Hennis, Die mißverstandene Demokratie, 1973, S. 136.

fortentwickelten Industriegesellschaft an den vielfältigen, miteinander verflochtenen Sachentscheidungen beteiligt werden kann, destomehr besteht ein Bedürfnis nach einer starken demokratischen Legitimation der das Volk repräsentierenden Abgeordneten und der durch sie (aus ihrer Mitte) gewählten Regierung[22].

Eine solche Stärkung der demokratischen Legitimation der Abgeordneten könnte auf zwei Wegen erfolgen. Zunächst bietet es sich an, den Einfluß des „Parteibürgers" auf die Auswahl der Parlamentsbewerber zu verstärken. McKenzie[23] hält diesen Weg allerdings in einem parlamentarischen System, in dem der Abgeordnete nicht seinen Parteimitgliedern, sondern allein der Wählerschaft verantwortlich sei, für nachrangig. Auch aus Gründen der Funktionsfähigkeit und Effizienz der Parteiorganisation wie des politischen Gesamtsystems kann und darf seiner Ansicht nach der Parteibasis nur ein relativ geringer Einfluß auf Sach- und Personalentscheidungen der Parteispitze zukommen[24]. McKenzie stellt daher dem Prinzip der innerparteilichen Demokratie das Prinzip der zwischenparteilichen Demokratie gegenüber[25].

McKenzies Aussagen beruhen auf dem britischen Parteien- und Regierungssystem und können nicht in dieser Konsequenz auf die Bundesrepublik übertragen werden, da Art. 21 Abs. 1 Satz 3 des Grundgesetzes (GG) ausdrücklich verlangt, daß auch die innere Ordnung der Parteien demokratischen Grundsätzen entsprechen muß. Dieser dem deutschen Verfassungsrecht eigene Grundsatz der innerparteilichen Demokratie darf nicht unter Hinweis auf die mögliche Auswahl unter mehreren Parteien und deren Führungsgruppen vernachlässigt werden. Art. 21 Abs. 1 Satz 3 GG gebietet vielmehr, daß die Auswahl der Führungsgruppen der Parteien und ihr Sachprogramm von der Basis der Parteien her ausreichend legitimiert sind[26].

---

[22] Vgl. Ulrich Scheuner, Die Parteien und die Auswahl der politischen Leitung im demokratischen Staat, DÖV 1958, S. 641 (645).

[23] R. T. McKenzie, British Political Parties, 2. Aufl., London 1963.

[24] McKenzie, a. a. O. (s. Anm. 23), S. 644/45.

[25] Vgl. Ebbighausen, a. a. O. (s. Anm. 4), S. 60/61.

[26] Henke, a. a. O. (s. Anm. 11), S. 50/51; vgl. zum Verlauf der innerparteilichen Willensbildung bei CDU, FDP und SPD Ute Müller, Die demokratische Willensbildung in den politischen Parteien, 2. Aufl. 1967.

McKenzie hebt allerdings zu Recht die Verantwortlichkeit der Parlamentsmitglieder gegenüber der Wählerschaft hervor. Eine Stärkung des Rechts der „Parteibürger“ allein wird diesem Aspekt nicht gerecht. Es könnte sich insoweit vielmehr empfehlen, auch den Einfluß des „Wahlbürgers“ auf die Auswahl der Führungsgruppen der Parteien zu erweitern. Es sei insoweit besonders auf § 1 Abs. 2 des Parteiengesetzes (PartG) hingewiesen, der in überschwenglicher, aber doch zutreffender Weise den Parteien zur Aufgabe macht, „für eine ständige lebendige Verbindung zwischen dem Volk und den Staatsorganen (zu) sorgen“. Eine solche durch die Parteien vermittelte lebendige Verbindung zwischen dem Volk und den Staatsorganen wird nur möglich sein, wenn besonders die Abgeordneten vom Vertrauen des ganzen Wahlvolkes getragen sind.

5. *Gegenwärtige Vertrauensbasis der Abgeordneten*

Die entscheidende Frage an das gegenwärtige Verfahren der Auswahl der Parlamentsbewerber lautet, ob es die erforderliche Vertrauensbasis zwischen dem Volk und seinen Abgeordneten gewährleistet. Es ist insoweit zunächst festzustellen, daß das Bundeswahlgesetz jedem wahlberechtigten Parteimitglied die Teilnahme an der Auswahl der Parlamentsbewerber seiner Partei ermöglicht (§§ 21 und 27 Abs. 5 des Bundeswahlgesetzes — BWahlG —)[27]. Die rechtliche Ausgestaltung dieses Verfahrens hebt sich positiv von den Vorschriften über die Kandidatenauswahl in zahlreichen westeuropäischen Ländern[28] ab. Gemessen am Wortlaut des Bundeswahlgesetzes scheint die Kandidatenaufstellung in der Bundesrepublik allen Ansprüchen auf Demokratisierung voll zu genügen[29]. Dennoch ist die Tatsache nicht zu übersehen, daß nur etwa

[27] Dazu im einzelnen unten S. 33 ff.

[28] Vgl. Joachim Henkel, Die Verfahren der Kandidatenauswahl für Parlamentswahlen in Frankreich, Großbritannien, der Schweiz, den Vereinigten Staaten von Amerika und Österreich — Vorbilder für die Bundesrepublik?, in: Stenographische Niederschrift der Seminartagung der Deutschen Vereinigung für Parlamentsfragen in Bonn am 2. Dezember 1974 zum Thema „Kandidatenaufstellung durch Vorwahlen? Überlegungen zur Reform der Wahlen zum Deutschen Bundestag“, S. 140 ff. (künftig: Seminartagung).

[29] Karl Loewenstein, Kooptation und Zuwahl, 1973, S. 99 und 105. Vgl. auch den Bericht der vom Bundesminister des Innern eingesetzten Parteienrechtskom-

10 bis 15 v. H. der wahlberechtigten Parteimitglieder an der parteiinternen Kandidatenaufstellung teilnehmen. Es ist weiter zu bedenken, daß nur etwa 3 v. H. der wahlberechtigten Bürger in politischen Parteien organisiert sind. Verglichen mit der Summe der Wahlberechtigten beträgt daher die Zahl derer, die Einfluß auf die Auswahl der Parlamentsbewerber nehmen, etwa 0,12 bis 0,15 v. H.[30]. Ist somit schon der Einfluß der Masse der Parteimitglieder auf die Kandidatenaufstellung in der Praxis gering[31], so bleibt dem nichtparteigebundenen Bürger nur die Wahl zwischen den von den Parteien angebotenen Führungseliten ohne jeden Einfluß auf deren Zusammensetzung.

Die Wahl ermöglicht dem Bürger nicht die Auswahl zwischen Personen[32], sondern ihre Bedeutung erschöpft sich weithin darin, den politischen Parteien als solchen ein Mandat für die Teilhabe an den staatlichen Herrschaftsmöglichkeiten zu erteilen[33]. Die Wahlgewalt des Volkes ist somit aufgegliedert in das Vorschlags-

---

mission, „Rechtliche Ordnung des Parteiwesens", 1958, S. 167—170, der im geltenden Recht „eine grundsätzliche Erfüllung des Wunsches nach rechtlicher Sicherung einer demokratischen Methode der Aufstellung von Wahlkandidaten" sieht und es nicht für empfehlenswert hält, „über diesen Rahmen wesentlich hinauszugehen". Die Parteienrechtskommission wird mit diesem Votum ihren vorangegangenen grundsätzlichen Ausführungen zur Bedeutung der Kandidatenaufstellung für die „repräsentative Legitimation des gesamten Parlaments" allerdings kaum gerecht.

[30] Siehe dazu Bodo Zeuner, Kandidatenaufstellung zur Bundestagswahl 1965, 1970; ders., Wahlen ohne Auswahl — Die Kandidatenaufstellung zum Bundestag, in: Winfried Steffani (Hrsg.), Parlamentarismus ohne Transparenz, 1971, S. 165; Heino Kaack, Geschichte und Struktur des deutschen Parteiensystems, 1971, S. 596/597; Oppermann, a. a. O. (s. Anm. 3), S. 46; Kaltefleiter, Probleme (s. Anm. 15), S. 36.

[31] Loewenstein, a. a. O. (s. Anm. 29), S. 99—106; zum Zustand der innerparteilichen Demokratie siehe auch die Beiträge in: Ossip K. Flechtheim (Hrsg.), Die Parteien der Bundesrepublik Deutschland, 1973, S. 416—458; ders., Haben die Parteien noch eine Zukunft?, in: Aus Politik und Zeitgeschichte B 1/74, S. 3.

[32] H. Meyer, a. a. O. (s. Anm. 3), S. 91.

[33] W. Weber, a. a. O. (s. Anm. 18), S. 258, nach dessen Ansicht es sich dabei eigentlich nicht mehr um eine Wahl, sondern um einen „plebiszitären Vorgang" handelt; dazu Hennis, a. a. O. (s. Anm. 17), S. 213 oder Baduras Frage auf der Staatsrechtslehrertagung 1974 (s. Anm. 3), S. 170, wie sich die Charakterisierung der Wahlen als Personal- oder Realplebiszite auf die Rolle des Parlaments auswirke.

recht und das Wahlrecht. Das Vorschlagsrecht ist (einer Minderheit in) den Parteien überantwortet, während das Wahlvolk nur noch die Wahl zwischen mehreren rivalisierenden politischen Gruppen besitzt, ohne an der Auswahl der Repräsentanten dieser Gruppen beteiligt zu sein[34].

Es ist weiter darauf hinzuweisen, daß der Wähler in der Bundesrepublik praktisch auf die Auswahl unter drei Parteien beschränkt ist[35]. Andere Parteien haben infolge der Sperrklausel des § 6 Abs. 4 BWahlG (Prozentklausel und Grundmandatsklausel)[36] keine nennenswerte Chance mehr, in das Parlament einzurücken. Der Wähler kann daher seinen Willen nur über die bestehenden großen Parteien in den staatlichen Willensbildungsprozeß einbringen. Eine neue Partei zu gründen, um von den etablierten Parteien nicht ausreichend berücksichtigte Interessen nicht nur außerhalb, sondern auch innerhalb des Parlaments zur Geltung zu bringen, ist gegenwärtig ein fast hoffnungsloses Unterfangen. Auch aus diesem Grunde ist die Suche nach Wegen, wie der Einfluß des „Parteibürgers" und des „Wahlbürgers" (Böckenförde) auf die Parlamentsbewerber verstärkt werden kann, berechtigt und notwendig. Als Denkanstöße bieten sich insoweit bereits eine Reihe von in anderen Ländern praktizierten Verfahren an. Es sei nur hingewiesen auf die „primaries" in den Vereinigten Staaten von Amerika in den beiden Formen der offenen und der geschlossenen Vorwahlen[37], die Vorwahlexperimente der Österreichischen Volkspartei[38], die Verfahren der parteiinternen Kandidatenvorbeurteilung der CDU in Rheinland-Pfalz[39] oder Wahlverfahren in Österreich, der Schweiz, Südtirol und Bayern, bei denen der Wähler in

---

[34] Vgl. Helmut Kukacka, Vorwahlen in Österreich. Ansätze zu einer theoretisch-empirischen Studie aus dem Erfahrungsbereich der ÖVP, Österreichische Zeitschrift für Politikwissenschaft 1974, S. 43.

[35] Vgl. Claus Offe, Politische Herrschaft und Klassenstrukturen, in: Gisela Kress / Dieter Senghaas (Hrsg.), Politikwissenschaft, 1972, S. 135 (143/144), der aufgrund des geltenden Wahl- und Parteienrechts von einem „Kartell", oder Ernst Forsthoff, Der Staat der Industriegesellschaft, 1971, S. 87 ff., der von einem „geschlossenen Kreis" der bestehenden großen Parteien spricht.

[36] Dazu Wolfgang Schreiber, Handbuch des Wahlrechts zum Deutschen Bundestag, Bd. 1, 1976, S. 178—181.

[37] S. unten S. 43 ff. [38] S. unten S. 45 ff. [39] S. unten S. 50 ff.

der Wahl selbst Einfluß auf die Reihenfolge der Kandidaten auf den von den Parteien vorgeschlagenen Listen nehmen kann[40].

Unabhängig von dem bevorzugten Verfahren wird jedoch eine Stärkung des Einflusses der Parteimitglieder wie der parteilosen Wähler auf die Auswahl der Parlamentsbewerber nur dann zu erreichen sein, wenn sich innerhalb der Parteien ein gesunder Wettbewerb verschiedener Gruppen oder Richtungen entwickelt[41]. Erst dann wird die Auswahl unter mehreren Bewerbern ein und derselben Partei mit Leben erfüllt und sinnvoll. Es geht heute aber häufig nicht so sehr um die Frage, wer unter mehreren Bewerbern gewählt wird, sondern darum, eine ausreichende Zahl von geeigneten Bewerbern zu finden. Schon aufgrund dieses Mangels an Bewerbern bildet sich zwangsläufig eine Oligarchie eines kleinen Kreises von aktiven Parteimitgliedern heraus[42]. Ein Wettbewerb zwischen mehreren Gruppen, Richtungen oder Kandidaten innerhalb der Parteien stößt zudem bisher bei der Wählerschaft in der Bundesrepublik noch auf wenig Verständnis. Die Parteispitzen bemühen sich auch aus diesem Grunde darum, innerparteiliche Alternativprogramme und Gruppenbildungen zu verhindern. Allein eine „geschlossene" Selbstdarstellung erscheint für den Wahlkampf

---

[40] S. unten S. 69 ff.

[41] Vgl. zu Notwendigkeit und Grenzen innerparteilicher Gruppenbildung: Wolfgang Abendroth, Innerparteiliche und innerverbandliche Demokratie als Voraussetzung der politischen Demokratie, PVS 1964, S. 307; ders., Erfordernisse einer innerparteilichen Demokratisierung, in: Fritz Vilmar (Hrsg.), Strategien der Demokratisierung, Bd. 2, 1973, S. 432; Ulrich von Alemann, Mehr Demokratie per Dekret? Innerparteiliche Auswirkungen des deutschen Parteiengesetzes von 1967, PVS 1972, S. 181 (185); Ebbighausen, a. a. O. (s. Anm. 4), S. 75; Flechtheim, a. a. O. (s. Anm. 31), B 1/74, S. 9 f.; McKenzie, a. a. O. (s. Anm. 23), S. 643/644; Frieder Naschold, Organisation und Demokratie, 1969, S. 36, 40 und 91; Joachim Raschke, Innerparteiliche Opposition. Die Linke in der Berliner SPD, 1974; ders., Demokratisierung durch innerparteilichen Gruppenwettbewerb?, in: Aus Politik und Zeitgeschichte B 14/75, S. 11; Jürgen Seifert, Innerparteiliche Opposition, Frankfurter Hefte 1960, S. 765; Helmut Trautmann, Innerparteiliche Demokratie im Parteienstaat, 1975, S. 131/132; Gerhard Wilflinger, Parteistruktur und gesellschaftliches Bewußtsein, in: Alois Mock (Hrsg.), Die Zukunft der Volkspartei, Wien 1971, S. 228 (239); Zeuner, Wahlen ohne Auswahl (s. Anm. 30), S. 188; ders., Gruppenbildung und innerparteiliche Opposition, in: Flechtheim, Die Parteien (s. Anm. 31), S. 459—466.

[42] Vgl. Kaack, a. a. O. (s. Anm. 30), S. 474/475.

erfolgversprechend. Mit Rücksicht auf diese Gegebenheiten wird es nur schwer und nur schrittweise möglich sein, den Einfluß des Bürgers im Wahlverfahren nicht nur rechtlich, sondern auch tatsächlich zu erweitern.

6. *Demokratische Legitimation und Funktionsfähigkeit des Regierungssystems*

Gegenüber dem Verlangen nach „mehr Demokratie" werden heute in zunehmendem Maß die Probleme der Funktionsfähigkeit, Effizienz und Stabilität auf der Ebene der Parteienorganisation wie des politischen Gesamtsystems in den Vordergrund gestellt[43]. Der Demokratiebegriff wird mit Rücksicht auf die institutionellen Erfordernisse des parlamentarischen Systems von vornherein unter dem Eindruck von Ordnungs- und Effizienzkategorien in entscheidenden Punkten reduziert[44]. Eine Demokratisierung bestimmter Bereiche darf nur dann und insoweit erfolgen, als sie nachweisbar die betroffene Institution „effektvoller" macht[45]. Das Argument der Funktionsfähigkeit wird dabei schon gegenüber geringfügigen (systemimmanenten) Korrekturwünschen an dem gegenwärtigen Verfahren der Auswahl der Parlamentsbewerber als ausschlaggebend ins Feld geführt. Beispielhaft dafür sind der Verlauf der Diskussion innerhalb der Enquete-Kommission Verfassungsreform des Deutschen Bundestages am 26. September 1975 zur Einführung „halb offener" Listen nach bayerischem Vorbild[46] oder noch kennzeichnender die Diskussion auf der Seminartagung der Deutschen Vereinigung für Parlamentsfragen am 2. Dezember 1974 zum Thema „Kandidatenaufstellung durch Vorwahlen?"[47]. Das hier zunächst deutlich artikulierte Unbehagen am geringen Einfluß der Parteimitglieder und der Wähler insgesamt auf die Auswahl der Parlamentsbewerber wurde von den „Praktikern" durch vielfältige Hinweise auf Detailprobleme meist organisatorischer Natur verdrängt. Es ging letztlich nur noch darum, den gegenwärtigen Zustand als den bestmöglichen zu erkennen und zu rechtfer-

---

[43] Ebbighausen, a. a. O. (s. Anm. 4), S. 63.
[44] Schwarz, Colloquium (s. Anm. 1), S. 7.
[45] Kölble, Colloquium (s. Anm. 1), S. 13.
[46] Protokoll Nr. 22/4—23.
[47] Seminartagung (s. Anm. 28).

tigen. Sich an der Suche nach neuen Verfahren der Kandidatenauswahl zu beteiligen, galt schon als „theoretisch" mit negativem Akzent. Ein Mehr an demokratischer Legitimation erschien a limine unvereinbar mit der Funktionfähigkeit des parlamentarischen Regierungssystems[48].

Gegenüber den durchaus bedenkenswerten Einwänden der „Praktiker" ist ein Plädoyer für einen verstärkten Einfluß des Bürgers auf die Kandidatenauswahl nur schwer durchzuhalten. Besonderes Gewicht kommt dabei dem Hinweis auf den erhöhten Kosten- und Zeitfaktor zu. Das wird verdeutlicht durch die Tatsache, daß bereits heute für die Durchführung der Wahlen zum Deutschen Bundestag allein auf der Ebene der „unteren" Wahlorgane etwa 500 000 Personen als Wahlvorstandsmitglieder benötigt werden[49]. Neue Verfahren der Kandidatenauswahl werden daher zu berücksichtigen haben, daß sie die Zahl der Wahlhelfer der Parteien und der Wahlorgane nicht wesentlich erhöhen. Auch werden sie zu beachten haben, daß die Abgeordneten in ihrem Bemühen um Wiederwahl nicht durch „Vorwahlkämpfe" verschiedenster Art gezwungen sind, ihre parlamentarische Tätigkeit über lange Zeit völlig zu vernachlässigen[50].

Gegen einen verstärkten Einfluß der Bürger auf die Kandidatenauswahl läßt sich weiter anführen, daß sich schon der gegenwärtige Auswahlprozeß zu sehr am gleichen Erfolgswert jeder Stimme orientiere und die Qualifikation der Bewerber für die parlamentarische Tätigkeit dadurch in den Hintergrund trete. Von daher erscheint es vordringlich, für die Auswahl der Parlamentsbewerber vom Inhalt der politischen Entscheidungsfunktion des Parlaments her bestimmte Maßstäbe zu entwickeln, die dann im Rahmen der Zulassung der Bewerber zu den Wahlen eine qualitative Selektion ermöglichten[51]. Eine solche Auffassung ist stark von administrati-

---

[48] Vgl. Karl Otto Hondrich, Demokratisierung und Leistungsgesellschaft, 1972.

[49] Wolfgang Schreiber/Johann Hahlen, Handbuch des Wahlrechts zum Deutschen Bundestag, Bd. 2, 1976, S. 83.

[50] Vgl. insoweit zu den Vorwahlen der ÖVP Hans Werner Scheidl, „Vorwahlen, letzter Akt", in: Die Presse (Wien) v. 7. Juni 1975.

[51] Vgl. Emil Guillaume, Politische Entscheidungsfunktion und personelle Selektion, Die Verwaltung 1974, S. 409 (418, 421, 425); vgl. auch von Hassel, in: Stenographische Niederschrift der Veranstaltung der Deutschen Vereini-

vem Denken bestimmt. Sie sieht den Sinn von Wahlen wesentlich darin, ein arbeitsfähiges Parlament zu schaffen, das seinerseits eine funktionsfähige Regierung hervorzubringen vermag[52]. Der Wunsch nach „mehr Sachverstand" in den Parlamenten übersieht jedoch, daß es gerade für die Auswahl von Parlamentsbewerbern keine allgemeingültigen Qualifikationskriterien für die Ausübung eines Mandats gibt und zudem der geforderte „Sachverstand" in keiner Weise gewährleistet, daß das Volk die Gewählten als seine Repräsentanten anerkennt und damit das Parlament seine Aufgabe als entscheidender Integrationsfaktor einer demokratischen Gesellschaft erfüllen kann[53].

7. *„Verbeamtung der Parlamente"*

Es sind auch die Auswirkungen der Auswahlverfahren auf die Zusammensetzung des Parlaments insgesamt zu bedenken. Insoweit ist besonders auf den ständig steigenden Anteil der Angehörigen des öffentlichen Dienstes unter den Abgeordneten in Bund und Ländern hinzuweisen[54]. So sind 39 v. H. der Abgeordneten des 7. Deutschen Bundestages Angehörige des öffentlichen Dienstes. Ihr Anteil ist in manchen Landesparlamenten noch erheblich höher. Der 2. Senat des Bundesverfassungsgerichts hat daher in seinem „Diäten-Urteil" vom 5. November 1975[55] besorgt die Frage ge-

---

gung für Parlamentsfragen in Bonn am 10. Juni 1975 zum Thema „Warum gibt es so viele Beamte in den Parlamenten? Ursachen, Tendenzen, Folgerungen", S. 40, der darauf hinweist, daß für die Konservativen in Großbritannien bei Parlamentswahlen nur kandidieren kann, wer erfolgreich eine besondere von der Partei organisierte zwölfmonatige Ausbildung durchlaufen hat.

[52] So auch zu einseitig Schreiber, a. a. O. (s. Anm. 36), S. 97/98.

[53] Vgl. die differenzierte Darstellung zum Verhältnis von wünschenswerter Zusammensetzung des Parlaments und richtiger Kandidatenauswahl durch die Wahlrechtskommission (s. Anm. 3), S. 49/50 und bes. S. 110—111.

[54] Siehe dazu Stenographische Niederschrift der Veranstaltung der Vereinigung für Parlamentsfragen, a. a. O. (s. Anm. 51); Hans Herbert v. Arnim, Abgeordnetenentschädigung und Grundgesetz, hrsg. vom Karl-Bräuer-Institut des Bundes der Steuerzahler, 1975, S. 54—55; Hansjörg Häfele, Verbeamtung des Bundestages?, ZParl 1972, S. 103—106; Adalbert Hess, Statistische Daten und Trends zur „Verbeamtung der Parlamente" in Bund und Ländern, ZParl 1976, H. 1, S. 34—42.

[55] BVerfGE 40, 296 (= DÖV 1975, H. 23, S. 815 = NJW 1975, H. 51, S. 2331).

stellt, „ob das in Bund und Ländern zu beobachtende unverhältnismäßig starke Anwachsen der Zahl der aktiven und inaktiven Angehörigen des öffentlichen Dienstes unter den Abgeordneten (‚Verbeamtung der Parlamente'), sollte es sich fortsetzen, noch mit den Anforderungen eines materiell verstandenen Gewaltenteilungsprinzips vereinbar ist"[56].

Nun können die Angehörigen des öffentlichen Dienstes sicher nicht in jeder Hinsicht als einheitliche Gruppe betrachtet werden. Zu unterschiedlich sind im Rahmen der weitgespannten staatlichen Aufgaben in einem modernen Gemeinwesen ihre Ausbildung und ihr konkretes Berufsbild. Das Schlagwort von der „Verbeamtung der Parlamente" geht demgegenüber einseitig von dem Typus des Exekutivbeamten aus und erweckt zudem den Eindruck, als ob die Angehörigen des öffentlichen Dienstes unter den Abgeordneten der Politik ein bestimmtes verbeamtetes Gepräge gäben[57]. Dennoch ist nicht zu verkennen, daß die Angehörigen des öffentlichen Dienstes einen in besonderer Weise gesicherten rechtlichen und sozialen Status besitzen und im Unterschied zu anderen Berufsgruppen gerade im Dienste staatlicher oder kommunaler Organe stehen. Dadurch muß früher oder später doch beim Bürger der Eindruck entstehen, er werde ungeachtet aller demokratischen Wahl und Legitimation seiner Abgeordneten nur von einer bestimmten Schicht oder Gruppe regiert[58]. Darin läge eine ernsthafte Gefahr für die Legitimationskraft der parlamentarischen Repräsentation des ganzen Volkes.

Der wachsende Anteil der Angehörigen des öffentlichen Dienstes unter den Parlamentariern beruht auf vielfältigen Ursachen[59]. Zunächst sind sie bisher aufgrund von Regelungen in Diäten-, Beamten- oder Rechtsstellungsgesetzen im Unterschied zu anderen Berufsgruppen während ihrer Mitgliedschaft in den Parlamenten von Bund und Ländern beruflich und finanziell besonders günstig abgesichert gewesen. So traten z. B. die in den Bundestag gewähl-

---

[56] BVerfG, a. a. O. (s. Anm. 55), S. 326.

[57] Zeh, Stenographische Niederschrift (s. Anm. 51), S. 62/63.

[58] Böckenförde, a. a. O. (s. Anm. 3), S. 14; siehe auch Soell, Staatsrechtslehrertagung 1974 (s. Anm. 3), S. 166/167.

[59] Schmitt-Vockenhausen, Kurzserie unter der Überschrift „Volksvertreter kein Versorgungsjob", in: Allgemeine Zeitung v. 15., 16. und 17. Juli 1975.

ten Beamten aufgrund des Rechtsstellungsgesetzes des Bundes[60] mit dem Tag der Annahme der Wahl in den Ruhestand und erhielten damit zu ihrer Abgeordnetenentschädigung ein Ruhegehalt von mindestens 35 v. H. ihrer ruhegehaltfähigen Dienstbezüge[61]. Die Zeit der Mitgliedschaft im Deutschen Bundestag galt nach Ausscheiden aus dem Parlament als Dienstzeit im Sinne des Besoldungs- und Versorgungsrechts. Zwischen den Wahlperioden konnten sie sich wieder in das Beamtenverhältnis übernehmen und befördern lassen, um dann nach erfolgreicher Wiederwahl erneut in den Ruhestand zu treten. Hatte der Beamte nach Beendigung des Mandats das 55. Lebensjahr vollendet, so konnte der Dienstherr ihn gegen seinen Willen nicht mehr in das frühere Dienstverhältnis zurückberufen; der Beamte konnte vielmehr weiterhin im Ruhestand verbleiben, Ruhegehalt beziehen und nach Wunsch einem neuen Beruf außerhalb des öffentlichen Dienstes nachgehen. Schließlich erhielten Angehörige des öffentlichen Dienstes zur Vorbereitung ihrer Wahl als Abgeordnete des Deutschen Bundestages oder eines Landesparlaments einen bezahlten Sonderurlaub für die Dauer von bis zu zwei Monaten[62].

Aufgrund des „Diäten-Urteils" werden die Angehörigen des öffentlichen Dienstes auf einige dieser Vorteile gegenüber anderen

---

[60] Gesetz über die Rechtsstellung der in den Deutschen Bundestag gewählten Angehörigen des öffentlichen Dienstes v. 4. August 1953 (BGBl. I S. 777).

[61] Für die in Landesparlamente gewählten Angehörigen des öffentlichen Dienstes gilt aufgrund von landesrechtlichen Sonderregelungen meist Entsprechendes. Vgl. nur das bay. Gesetz über die Unvereinbarkeit von Amt und Mandat für Angehörige des öffentlichen Dienstes v. 23. Juni 1966 (GVBl. S. 195), zuletzt geändert durch Gesetz v. 27. Juni 1972 (GVBl. S. 219) oder das vom „Diäten-Urteil" (s. Anm. 55) unmittelbar betroffene saarl. Gesetz Nr. 970 über den Landtag des Saarlandes v. 20. Juni 1973 (Amtsbl. S. 517).

[62] § 2 der Verordnung über Sonderurlaub für Bundesbeamte und Richter im Bundesdienst v. 18. August 1965 (BGBl. I S. 902); für die anderen Angehörigen der Bundesverwaltung siehe das Rundschreiben des Bundesministers des Innern v. 27. August 1965 (GMBl. S. 295) sowie für Berufssoldaten und Soldaten auf Zeit § 9 der Soldatenurlaubsverordnung v. 20. Mai 1957 (BGBl. I S. 529) i. d. F. der Bekanntmachung v. 23. November 1972 (BGBl. I S. 2151). Für Angehörige des öffentlichen Dienstes der Länder und Kommunen gelten entsprechende landesrechtliche Regelungen.

Mandatsbewerbern künftig verzichten müssen[63]. Sie dürfen wegen der Annahme eines Mandats nicht mehr in den Ruhestand treten und ein Ruhegehalt beziehen. Sie sind vielmehr ohne Dienstbezüge für die Zeit der Mitgliedschaft im Parlament zu beurlauben oder es ist das Ruhen ihrer Rechte und Pflichten aus dem Beamtenverhältnis anzuordnen. Damit gilt die Zeit der Mitgliedschaft im Parlament auch nicht mehr als Dienstzeit im Sinne des Besoldungs- und Versorgungsrechts, wenn der Beamte nach Ausscheiden aus dem Parlament wieder in sein Dienstverhältnis zurückkehrt.

Das „Diäten-Urteil" begegnet zwar zahlreichen Einwänden[64], es ist jedoch insgesamt getragen von dem Bemühen um mehr Chancengleichheit für alle Parlamentsbewerber[65]. Dennoch wird auch in Zukunft das mit der Annahme eines Mandats verbundene Risiko für die Angehörigen des öffentlichen Dienstes im allgemeinen geringer sein als für Angehörige anderer Berufsgruppen, da besonders ihre Wiederverwendung im öffentlichen Dienst nach Ablauf des Mandats gewährleistet ist. Die Rückkehr der übrigen Abgeordneten in ihren Beruf ist demgegenüber nicht in gleicher Weise gesichert. Art. 48 Abs. 2 GG bestimmt zwar, daß ein Arbeitnehmer nicht wegen der Annahme oder Ausübung eines Mandats gekündigt oder entlassen werden darf. Diese Vorschrift bietet aber keinen ausreichenden Schutz, da sich Arbeitnehmer dann, wenn sie mehr als eine Wahlperiode als Abgeordnete tätig gewesen sind, mit Rücksicht auf den Arbeitgeber häufig dazu bewegen lassen, das Arbeitsverhältnis im gegenseitigen Einvernehmen aufzulösen.

---

[63] BVerfG, a. a. O. (s. Anm. 55), S. 321—324.

[64] Peter Conradi, Parlamentarier in privilegienfeindlicher Demokratie. Anmerkungen eines Bundestagsabgeordneten zum „Diäten-Urteil" des Bundesverfassungsgerichts, ZParl 1976, H. 1, S. 112—126; Peter Häberle, Freiheit, Gleichheit und Öffentlichkeit des Abgeordnetenstatus. Zum Diätenurteil des BVerfG, NJW 1976, H. 13, S. 537—543; Joachim Henkel, Anmerkung zum „Diäten-Urteil" des BVerfG, DÖV 1975, H. 23, S. 819—821; Uwe Thaysen, Die Volksvertretung der Bundesrepublik und das Bundesverfassungsgericht: uneins in ihrem Demokratie- und Parlamentsverständnis, ZParl 1976, H. 1, S. 3—18.

[65] BVerfG, a. a. O. (s. Anm. 55), S. 318: Jedermann muß ohne Rücksicht auf soziale Unterschiede, insbesondere auf seine Abstammung, seine Herkunft, seine Ausbildung oder sein Vermögen die gleiche Chance haben, Mitglied des Parlaments zu werden.

Außerdem ist es dem Arbeitgeber durch Art. 48 Abs. 2 GG nicht verwehrt, das Arbeitsverhältnis des ehemaligen Abgeordneten nach einer gewissen Schonfrist aus anderen Gründen zu kündigen. Schließlich ist die Kündigungsschutzklausel für Angehörige freier Berufe und andere Selbständige vollends ohne Wert. Sie gehen mit der Annahme eines Mandats das unübersehbare Risiko ein, daß sie sich während ihrer Mitgliedschaft im Parlament nicht ausreichend um ihr Unternehmen, Geschäft, Büro, ihren Betrieb oder ihre Praxis kümmern können und damit alles, was sie in jahrelanger Arbeit aufgebaut haben, wieder gefährden.

Es wird eine der wesentlichen Aufgaben der Reform des Abgeordnetenrechts sein, das mit der Bewerbung um ein Mandat und seiner Annahme verbundene Risiko für alle Bürger, gleich welcher Berufsgruppe sie angehören, geringer zu machen. Um der Chancengleichheit der Parlamentsbewerber willen wird es daher zunächst geboten sein, Art. 48 Abs. 1 GG durch einfaches Gesetz dahin auszufüllen, daß alle Kandidaten einen gleichen Anspruch auf den zu ihrer Wahl erforderlichen Urlaub erhalten. Es wird ferner notwendig sein, daß alle Bewerber für die Zeit des Wahlvorbereitungsurlaubs in gleicher Weise finanziell abgesichert sind[66]. Dies könnte allerdings nur aus öffentlichen Mitteln geschehen, da es nicht dem Arbeitgeber zugemutet werden kann, in dieser Zeit das Gehalt oder den Lohn fortzuzahlen. Es wird bei einer solchen Regelung jedoch Vorkehr gegen Mißbrauch zu treffen sein, sonst könnten sich Parteien durch unangemessen lange Listen öffentlich finanzierte Wahlkampfhelfer verschaffen. Die Grundsätze des Bundesverfassungsgerichts zur Erstattung von Wahlkampfkosten für Parteien[67] und für „parteifreie“ Wahlbewerber[68] könnten hier als eine Richtlinie dafür dienen, wie sichergestellt werden kann, daß nur ernsthafte Bewerber eine Entschädigung für die Zeit des

[66] Schreiber, a. a. O. (s. Anm. 36), S. 104 vertritt demgegenüber zu Unrecht die Ansicht, die Sonderurlaubsregelung für Angehörige des öffentlichen Dienstes müsse nicht von Verfassungs wegen auf alle Wahlbewerber ausgedehnt oder aufgehoben werden.

[67] BVerfGE 20, 56; 24, 300; dazu Henke, a. a. O. (s. Anm. 11), S. 222 bis 225 m. w. N.

[68] Beschluß des 2. Senats des BVerfG v. 9. März 1976 — 2 BvR 89/74 — (B II 5 a der Gründe).

Wahlvorbereitungsurlaubs erhalten. Es wird ferner der Kündigungsschutz des Art. 48 Abs. 2 GG etwa nach dem Vorbild des Kündigungsschutzes für Mitglieder eines Betriebsrates oder einer Personalvertretung[69] zu erweitern sein. Um der Chancengleichheit willen wird endlich auch ein Weg zu finden sein, wie nicht nur den aus dem öffentlichen Dienst kommenden Abgeordneten die Rückkehr in den Beruf erleichtert werden kann. Die Ausgestaltung des Übergangsgeldes[70] und besondere Wiedereingliederungshilfen könnten dazu beitragen. Es könnten auch insoweit die entsprechenden Vorschriften für Mitglieder von Betriebsräten[71] und Personalvertretungen[72] als Anregung dienen.

Trotz aller Maßnahmen zur Gewährleistung der Chancengleichheit[72a] werden auch künftig die Angehörigen des öffentlichen Dienstes in besonderem Maße in den Parlamenten vertreten sein. Das ist in Deutschland auch traditionell bedingt. Während beispielsweise in Frankreich die Advokaten immer eine starke Gruppe innerhalb des Parlaments bildeten, waren es seit den Anfängen des Parlamentarismus in Deutschland die Beamten. So waren z. B.

---

[69] Siehe § 15 Abs. 1 und 2 des Kündigungsschutzgesetzes i. d. F. v. 25. August 1969 (BGBl. I S. 1317), zuletzt geändert durch Gesetz v. 15. März 1974 (BGBl. I S. 693); siehe besonders auch das hessische Gesetz zur Sicherung der Mandatsausübung v. 9. Juli 1973 (GVBl. 1973 I S. 248).

[70] Siehe bisher die Regelung in § 2 des Gesetzes über die Entschädigung der Mitglieder des Bundestages (Diätengesetz) v. 3. Mai 1968 (BGBl. I S. 334), zuletzt geändert durch Gesetz v. 2. September 1972 (BGBl. I S. 2151).

[71] § 37 Abs. 4 und 5 sowie § 38 Abs. 3 und 4 des Betriebsverfassungsgesetzes v. 15. Januar 1972 (BGBl. I S. 13).

[72] §§ 8 und 46 Abs. 3 Satz 3 des Bundespersonalvertretungsgesetzes v. 15. März 1974 (BGBl. I S. 693), zuletzt geändert durch Gesetz vom 24. April 1975 (BGBl. I S. 1005), wonach die Tätigkeit als Personalratsmitglied nicht den beruflichen Werdegang beeinträchtigen darf.

[72a] Siehe inzwischen den vom 2. Sonderausschuß des 7. Deutschen Bundestages — eingesetzt durch Beschluß vom 26. November 1975 (BT-Drs. 7/4333) — erarbeiteten und interfraktionell eingebrachten Entwurf eines Gesetzes zur Neuregelung der Rechtsverhältnisse der Mitglieder des Deutschen Bundestages v. 29. Juni 1976 (BT-Drs. 7/5525) sowie die als Begründung zu diesem Entwurf veröffentlichten Materialien v. 30. Juni 1976 (BT-Drs. 7/5531) und die Beiträge der Abgeordneten Kunz (Berlin, CDU/CSU), Dr. Schmidt-Vockenhausen (SPD) und Engelhard (FDP) zur Ersten Beratung des Entwurfs (Stenographischer Bericht der 256. Sitzung des 7. Deutschen Bundestages am 1. Juli 1976, S. 18 415—18 419).

im Jahre 1862 47 v. H. der Mitglieder des preußischen Abgeordnetenhauses Beamte. Entscheidend ist jedoch, daß das Mandat im Bund heute zu einer Hauptbeschäftigung geworden ist und es dem Abgeordneten nur noch schwer möglich ist, nebenher seinem bisherigen Beruf nachzugehen. Dadurch sind immer weniger Männer und Frauen aus dem Volk bereit, ein Mandat zu übernehmen[73]. Die dadurch bedingte Entwicklung zum Berufsparlamentarier fördert das Ansteigen des Anteils der Angehörigen des öffentlichen Dienstes in den Parlamenten, da für sie auch aufgrund der zunehmenden Verflechtung von Politik und öffentlichem Dienst das Mandat attraktiver bleiben wird als für Angehörige anderer Berufsgruppen. An den aufgezeigten Ursachen für die zu beobachtende „Verbeamtung der Parlamente" wird deutlich, daß diese Entwicklung durch Verfahren der Kandidatenauswahl nicht wesentlich beeinflußt werden kann.

Es spricht gleichwohl einiges für die These, daß ein Verfahren mit stärkerem Einfluß des Bürgers auf die Kandidatenauswahl noch eher die Chance bietet, den Anteil der Angehörigen des öffentlichen Dienstes unter den Parlamentariern zugunsten anderer Berufsgruppen zurückzuführen, als dies das gegenwärtige Verfahren der parteiinternen Kandidatenaufstellung zu leisten vermag.

8. *Stärkung der politischen Bürgerrechte — ein Wert an sich?*

In der Diskussion um „mehr Demokratie" oder „Demokratisierung" gehen die Beteiligten offensichtlich von unterschiedlichen Zielen und Rationalitätsbegriffen aus[74], die inkommensurabel sind und daher eine Abwägung und Wertung des Pro und Contra unmöglich machen. Selbst wo gegensätzliche Argumente auf demselben Rationalitätsbegriff beruhen, ist eine Entscheidung zwischen ihnen kaum möglich, da es sich meist um nicht beweisbare oder widerlegbare Plausibilitätsargumente handelt. Eine Entscheidung kann daher nur aufgrund von Vermutungen, nicht gesicherten

---

[73] So betont Friedrich Schäfer, Der Bundestag, 2. Aufl. 1975, S. 152 zu Recht, es liege an der hohen zeitlichen Inanspruchnahme durch das Mandat, wenn heute im Bundestag kein befriedigender Querschnitt durch die Bevölkerung sichtbar werde.

[74] Vgl. in diesem Sinne Habermas, a. a. O. (s. Anm. 2), S. 190 ff. für die Struktur der Planungstheorie.

Prognosen über die möglichen Auswirkungen neuer Verfahren der Legitimation staatlichen Handelns fallen[75].

Angesichts dieser „Beweisnot“ stellt sich die grundsätzliche Frage, ob eine Erweiterung der politischen Bürgerrechte einer besonderen Rechtfertigung bedarf oder ob nicht zunächst von einem Vor-Urteil zugunsten eines solchen Versuchs auszugehen ist[76]. Nun ist das demokratische Prinzip kein Selbstzweck[77], und es könnte von daher naheliegen, die politische Beteiligung der Bürger nur dann und dort zu erweitern, wo dadurch mit an Sicherheit grenzender Wahrscheinlichkeit eine sachgerechte Führungsauslese und eine bessere Vertretung der Interessen des Volkes erreicht oder die Glaubwürdigkeit von Autorität und die Legitimation von Autoritäten gestärkt wird[78]. Andererseits gehen die westlichen Demokratien (gemessen an naturwissenschaftlichen oder auch nur prozessualen Beweisregeln) „unbewiesen“ davon aus, daß allgemeine egalitäre Wahlen die bestmögliche und rationalste Form der Grundlegung des staatlichen Systems und der Lenkung der Gesellschaft darstellen, selbst wenn die Entscheidung des Wählers in einer modernen Industriegesellschaft weithin nicht von Sachwissen oder sachlich gesteuerten Einsichten bestimmt sein kann[78a]. Von daher könnte sich sogar eine Umkehr der Beweislast in dem Sinne ableiten lassen, daß mögliche Wege einer Stärkung der politischen Bürgerrechte nur dann nicht beschritten werden dürfen, wenn sie zu beweisbaren, nicht durch andere positive Auswirkungen auf-

[75] Vgl. Grosser, a. a. O. (s. Anm. 1), der darauf hinweist, daß nichts anderes übrig bleibe, als eine Partei zu parteiinternen Wahlen zu überreden, um herauszufinden, ob dadurch die Partizipationschancen der Parteimitglieder wachsen.

[76] Vgl. Messerschmid, Colloquium (s. Anm. 1), S. 4 und 5.

[77] Kölble, Colloquium (s. Anm. 1), S. 8; siehe Jürgen Habermas, Politische Beteiligung — ein Wert „an sich“?, in: Ulrich Matz, a. a. O. (s. Anm. 18), S. 316—322; auch Manfred Hättich, Innerparteiliche Demokratie und politische Willensbildung, in: Ludwig Erhard / Kurt Brüß / Bernhard Hagemeyer (Hrsg.), Grenzen der Demokratie?, 1973, S. 185 (186/187), der erklärt, innerparteiliche Demokratie sei kein Selbstzweck, da die Parteien selbst nur in ihrer Funktion innerhalb des Gesamtsystems gesehen werden könnten.

[78] Farthmann, Colloquium (s. Anm. 1), S. 8.

[78a] Vgl. Forsthoff, a. a. O. (s. Anm. 35), S. 82 ff.

gewogenen, erheblichen Schäden im gegenwärtigen Regierungssystem führen. Dieser Versuch einer Umkehr der Beweislast soll und kann nur deutlich machen, daß besonders Bedenken organisatorischer Art gegenüber Verfahren zur Erweiterung der politischen Bürgerrechte nicht zu hoch eingeschätzt werden dürfen. Das gilt bei der Auswahl der Parlamentsbewerber in gleicher Weise für die Stärkung der Rechte der Parteimitglieder wie der wahlberechtigten Bürger insgesamt. Denn der Grundsatz der Souveränität des Volkes (Art. 20 Abs. 2 Satz 1 GG) legt einen größeren Einfluß auch des „Wahlbürgers" auf die Kandidatenauswahl nahe. Das Parlamentsmandat ist ein öffentliches Amt[79] besonderer Art, das der Bewerber verfassungsrechtlich gesehen nicht von seiner Partei oder Fraktion, sondern originär in eigener Person und unmittelbar vom Volk durch die Annahme der Wahl erwirbt[80]. Demgegenüber vergeben tatsächlich meist bereits die Parteien das Mandat. Wer einen sicheren Wahlkreis oder Listenplatz erhält, kann sich schon mit der Nominierung als gewählt betrachten. Auf diese Weise konnten im Jahre 1969 bei der Wahl zum 6. Deutschen Bundestag 358 Kandidaten davon ausgehen, daß sie schon aufgrund ihrer Nominierung, unabhängig vom konkreten Wahlergebnis eins der 496 zu gewinnenden Parlamentsmandate in der Tasche hatten[81]. Die Parteien erscheinen damit als de facto ermächtigt, das einzelne Mandat anstelle des Volkes zu übertragen, während die wahlberechtigten Bürger durch die Stimmabgabe nur noch den Verteilerschlüssel für die Herrschaftsanteile zwischen den Parteien festlegen dürfen. Eine Personenauswahl findet trotz des personalisierten Verhältniswahlsystems der Bundesrepublik nicht statt. Die Wahl beschränkt sich auf eine (plebiszitäre) Artikulation des Vertrauens in die sachliche Leistungsfähigkeit und persönliche Integrität der von den Parteien angebotenen Spitzenperson[82] oder „Führungsmannschaften".

---

[79] BVerfG („Diäten-Urteil"), a. a. O. (s. Anm. 55), LS 1 sowie C I 1 der Gründe; Henke, a. a. O. (s. Anm. 11), S. 120—124 m. w. N.; vgl. auch Norbert Achterberg, Parlamentsreform — Themen und Thesen, DÖV 1975, H. 24, S. 833 (842).

[80] Peter Badura, Bonner Kommentar, Art. 38 Rn. 53.

[81] Oppermann, a. a. O. (s. Anm. 3), S. 46 unter Hinweis auf Heino Kaack, Wer kommt in den Bundestag?, 1969, S. 16.

[82] Kaltefleiter, Probleme (s. Anm. 15), S. 31.

Das gegenwärtig allein von den Mitgliedern der Parteien oder sogar nur ihren Funktionären beherrschte Verfahren der Kandidatenauswahl[82a] geht ferner von einem nicht unanfechtbaren Verständnis des Grundsatzes der innerparteilichen Demokratie aus. Danach gilt als innerparteilicher Souverän die Summe der Parteimitglieder. Das im Gesamtsystem des Staates geltende Prinzip der Volkssouveränität wird einfach auf das Subsystem der Parteien übertragen. Diese Analogie übersieht aber, daß auch in der parteienstaatlichen Demokratie nicht die Mitglieder einer Partei, sondern ihre Wähler die entscheidende Legitimationsbasis darstellen[83].

Ohne die geschilderte parteienstaatliche Entwicklung aus verfassungsrechtlicher Sicht verwerfen oder das in der Nachfolge von Leibholz[84] in Rechtsprechung und Literatur so häufig beschworene „Spannungsverhältnis von Art. 38 Abs. 1 Satz 2 GG und Art. 21 GG“[85] bemühen zu wollen, kann doch festgestellt werden, daß die Abgeordneten nicht nur Vertreter einer Partei, sondern „Vertreter des ganzen Volkes“ sind oder zumindest sein sollen. Der Abgeordnete bezieht seine Legitimation nicht nur von den Mitgliedern seiner Partei, sondern (auch) vom gesamten Wahlvolk oder doch allen Wählern seiner Partei. Die Auswahl der Kandidaten sollte von daher nicht allein an den Parteimitgliedern, sondern auch an den Wünschen und Interessen des gesamten Volkes und besonders der Wähler der einzelnen Parteien orientiert sein. Damit ist im Grundsatz jedes Plädoyer für eine offene von „Parteibürgern“ und „Wahlbürgern“ kontrollierte Führungsauslese ge-

---

[82a] Siehe dazu im einzelnen unten S. 33 ff.

[83] Anton Pelinka / Manfred Welan, Demokratie und Verfassung in Österreich, 1971, S. 305—306; Rudolf Wimmer, Zur innerparteilichen Demokratie der ÖVP, Österreichische Zeitschrift für Politikwissenschaft, 1974, S. 25 (33); vgl. auch Hättich, a. a. O. (s. Anm. 77), S. 192/193 und 203/204, der allerdings wiederum zu einseitig betont, die Legitimation des politischen Mandats erfolge ausschließlich durch die Wählerschaft, die Mitwirkung der Parteimitglieder an der Rekrutierung der Kandidaten füge dem nichts hinzu.

[84] Gerhard Leibholz, Parteienstaat und repräsentative Demokratie, DVBl. 1951, S. 1; ders., Strukturprobleme der modernen Demokratie, 1958, S. 78 ff.

[85] Vgl. nur Konrad Hesse, Grundzüge des Verfassungsrechts der Bundesrepublik Deutschland, 8. Aufl. 1975, S. 241 sowie Joachim Henkel, Zum Mandatsverlust bei Ausscheiden eines Abgeordneten aus seiner Fraktion, Materialie Nr. 35 der Wissenschaftlichen Dienste des Deutschen Bundestages vom Januar 1974, S. 3—5 m. w. N.

rechtfertigt, die als frischer Luftzug gegen die Stickluft „oligarchischer" Erstarrung dienen könnte[86]. Es ist und bleibt stets notwendig, nach Verfahren der Kandidatenauswahl zu suchen, die zumindest verhindern, daß die wenigen, die es beherrschen, in der Lage sein könnten, andere auszuschließen, die daran teilnehmen möchten[87]. Das gegenwärtige Auswahlsystem und seine Ausfüllung in der Praxis sind nicht ideal. Auch wenn sich ein ideales demokratisches System der Kandidatenauswahl nicht wird finden lassen, so wird schon die Suche nach einem besseren System Früchte tragen, weil sie auf die Gefahren der Oligarchisierung aufmerksam macht; sie zwar nicht völlig verhindern, aber doch mildern kann[88].

9. *Grenzen der Legitimation durch Verfahren*

Das Bemühen um eine Erweiterung der Rechte des Bürgers im Wahlverfahren beruht neben anderem auf der Prämisse, es könne dadurch die politische Legitimation des parlamentarischen Regierungssystems gestärkt und die Zustimmung des Volkes zu den Entscheidungen der Gewählten gewährleistet werden[89].

Es ist jedoch nicht zu übersehen, daß Verfahren nur begrenzt politische Legitimation vermitteln kann. Es ist daher besonders zu fragen, ob erwogene neue Verfahren den Freiheitsraum des Bürgers vergrößern. Eine Beteiligung von immer mehr Personen an Mehrheitsentscheidungen wird dieses Ziel nicht unbedingt erreichen[90]. Auch sollte Demokratie nicht auf ein Set von verfahrensrechtlichen Spielregeln reduziert werden[91]. Es ist also davon auszugehen, daß eine bloß formelle Konkurrenz mehrerer Parteien untereinander oder um die Führung innerhalb einer Partei nicht immer zur inhaltlichen Legitimierung ihres Handelns ausreicht. Legitimität entsteht vielmehr letztlich erst dadurch, daß der Bür-

[86] Vgl. Conze, a. a. O. (s. Anm. 12), S. 405/406; siehe auch die positive Grundtendenz bei Oppermann, a. a. O. (s. Anm. 3), S. 63 (LS 10).
[87] Thomas W. Madron / Carl P. Chelf, Political Parties in the United States, Boston 1974, S. 152.
[88] Michels, a. a. O. (s. Anm. 5), S. 376/377.
[89] Vgl. dazu Niklas Luhmann, Legitimation durch Verfahren, 1969.
[90] Hättich, Colloquium (s. Anm. 1), S. 13.
[91] Habermas, a. a. O. (s. Anm. 77); Offe, a. a. O. (s. Anm. 2), S. 133.

ger sich aus Einsicht und Überzeugung mit etwas identifiziert[92]. Rein institutionelle Änderungen besitzen daher nur eine geringe Chance, innerorganisatorische Demokratie zu beleben, wenn sie nicht begleitet sind von einer Veränderung im soziologischen und sozial-psychologischen Faktorenkomplex. Demokratisierung ist im wesentlichen nicht mit sozialtechnischen, sondern mit pädagogischen Mitteln, letztlich also nur über einen kollektiven Lernprozeß möglich[93]. Entscheidend wird die Entwicklung einer demokratischen Lebensform, eines politischen Stils sein[94]. Organisatorische Regeln sind somit nur eine Vorbedingung unter anderen, um politische Legitimation zu ermöglichen. Sie bergen die Chance in sich, daß sich die mit Beteiligungsrechten ausgestatteten Bürger stärker engagieren können und dafür dann auch Mitverantwortung zu tragen bereit sind[95]. Die Verfahrensregeln zur politischen Legitimation sollten diese Chance so weit wie möglich nutzen.

10. Gefahren einer Scheinpartizipation und des Auftretens neuer Legitimationsnöte

Neue Verfahren der Kandidatenauswahl müssen sich endlich davor hüten, bloß den Eindruck einer Erweiterung der Mitspracherechte des Bürgers zu erwecken. Sie dürfen nicht dazu bestimmt sein, nur eine bessere Manipulation von Massenloyalität zu bewirken. Sobald der Wähler den Charakter neuer Verfahren der Kandidatenauswahl als Scheinpartizipation durchschaute, würde nur das Gegenteil von dem erreicht, was eine Stärkung der politischen Bürgerrechte beabsichtigt[96]. Auch darf sich eine erweiterte Mitwirkung der Parteimitglieder an der Kandidatenaufstellung nicht allein in einer Bereicherung des innerparteilichen Lebens erschöpfen[97], sondern muß sich an der Funktion der Parteien im gegebenen parlamentarischen Regierungssystem orientieren.

---

[92] Hennis, a. a. O. (s. Anm. 21), S. 138.
[93] Naschold, a. a. O. (s. Anm. 41), S. 83—84.
[94] Scheuner, a. a. O. (s. Anm. 22).
[95] Sontheimer, Colloquium (s. Anm. 1), S. 10.
[96] Habermas, a. a. O. (s. Anm. 2), S. 187.
[97] Wilflinger, a. a. O. (s. Anm. 41), S. 236.

Eine Erweiterung der Mitwirkungsrechte des Bürgers bei der Kandidatenauswahl kann schließlich Gefahr laufen, daß nicht nur wie bisher die Parteien untereinander, sondern nun zusätzlich auch die Kandidaten ein und derselben Partei versuchen werden, sich gegenseitig programmatisch zu überbieten, die Erwartungen der Wähler noch höher zu schrauben mit den dann unvermeidlich nach der Wahl eintretenden herben Enttäuschungen des Wählerpublikums. Dadurch könnten in der Art eines circulus vitiosus erneut Legitimationsnöte auftreten, für die dann wiederum ein neuer Ausweg gesucht werden müßte[98]. Demokratische Wahlverfahren bergen immer diese ernstzunehmende Gefahr in sich[99]. Es ist daher fraglich, ob Korrekturen am gegenwärtigen Wahlverfahren, die dem Parteibürger und dem Wahlbürger einen stärkeren Einfluß auf die Auswahl der Parlamentsbewerber ermöglichen, diese Gefahr wesentlich erhöhen. Es könnte sich im Gegenteil anführen lassen, daß dann die Bewerber gezwungen sind, differenzierter als bisher zu argumentieren, da politischer Gegner nicht mehr ausschließlich die andere Partei als Ganze zu sein braucht. Auch unterliegen Konkurrenten um eine Kandidatur innerhalb der Partei einer wachen Kontrolle. Sollten sie sich zu großartigen Versprechen versteigen, so wird bei der Kandidatenbefragung schon danach gefragt werden, wie sie ihre Pläne zu verwirklichen gedenken. Es ist auch nicht auszuschließen, daß die Bürger zurückhaltendere, nüchterne Bewerber schätzen und honorieren lernen. Sollten sie durch neue Verfahren Einfluß auf die Personenauswahl der Parteien für die Parlamente gewinnen, dann ist sogar vorstellbar, daß die Bewerber im Wahlkampf mit Versprechungen vorsichtiger sein müssen als bisher, da sie bei der nächsten Wahl besser zur Verantwortung gezogen werden können.

---

[98] Habermas, a. a. O. (s. Anm. 2), S. 104—105.

[99] Vgl. nur den Vorgang um den Bundestagsabgeordneten Emeis, der als Wahlkreiskandidat der SPD für Dittmarschen-Süd im schleswig-holsteinischen Landtagswahlkampf fälschlich behauptet haben soll, der Bundesverkehrsminister habe eine Untertunnelung des Nord-Ostsee-Kanals versprochen (fr., Unterschiede, in: Frankfurter Allgemeine v. 16. Februar 1976).

B. Verfahrensmodelle

I. Skala der möglichen Modelle

Die Skala möglicher Verfahren zur Auswahl der Parlamentsbewerber ist weit gefächert. So kann der Kreis der Teilnahmeberechtigten reichen von dem engen Zirkel der Parteifunktionäre bis hin zum gesamten Wahlvolk. Die Intensität der Teilnahme kann sich von unverbindlichen Willensäußerungen im Rahmen von Kandidatenvorbeurteilungsverfahren bis hin zur verbindlichen gleichberechtigten Stimmabgabe in Vorwahlen erstrecken. Endlich kann die Teilnahme nicht nur vor der Wahl im Rahmen der Kandidatenaufstellung, sondern auch im Wahlakt selbst stattfinden. Die Praxis der Kandidatenauswahl der verschiedenen Länder bietet bereits reiches Erfahrungsmaterial auf allen Stufen der aufgezeigten Skala. Auf der Stufe der Kandidatenaufstellung reichen die Beispiele von den „primaries" in den Vereinigten Staaten[100] über die Vorwahlexperimente der Österreichischen Volkspartei (ÖVP)[101], die von Teilen der CDU in Rheinland-Pfalz durchgeführten Kandidatenvorbeurteilungen durch die Parteimitglieder[102] bis hin zu Verfahren, bei denen der entscheidende Einfluß auf die Kandidatenauswahl wie etwa bei den Gaullisten oder Kommunisten Frankreichs[103] oder der KPdSU[104] aufgrund verschiedenster Kooptationsvorgänge bei der Parteispitze liegt. Im Wahlakt selbst reichen die Beispiele vom Kumulieren und Panaschieren über Vor-

---

[100] S. unten S. 43 ff.

[101] S. unten S. 45 ff.

[102] S. unten S. 50 ff.

[103] Vgl. Heinrich Josef Schröder, Die Kandidatenaufstellung und das Verhältnis des Kandidaten zu seiner Partei in Deutschland und Frankreich, 1971, S. 132—135; Udo Kempf, Zur Kandidatenaufstellung in Frankreich am Beispiel der „Union pour la Nouvelle République" und ihrer Koalitionspartner, 1973, S. 106—107; ders., Mechanismen einer zentralen Steuerung der Kandidatenaufstellung in der Gaullistischen UNR. Eine Fallstudie anhand der Wahlen zur Französischen Nationalversammlung 1967 und 1968, in: Zeitschrift für Politik N. F. Bd. XIX (1972), S. 365—374; siehe auch die Bestimmungen zur Kandidatenauswahl in den Satzungen der französischen Parteien, abgedruckt bei Maurice Duverger, Constitutions et documents politiques, 6. Aufl., Paris 1971, S. 332—393.

[104] Loewenstein, a. a. O. (s. Anm. 29), S. 114 ff.

zugsstimmen und andere Systeme „lose gebundener" Listen[105] bis hin zu Verfahren, die dem Wähler nur die Auswahl zwischen den von Parteien en bloc angebotenen „starren" Kandidatenlisten lassen. Ein solches System „starr gebundener" Listen kennzeichnet die Listenwahl in der Bundesrepublik.

II. Das Verfahren der Kandidatenaufstellung nach dem Bundeswahlgesetz

1. Das zweigleisige Wahlsystem

Die Aufstellung der Kandidaten für die Wahl zum Deutschen Bundestag[106] ist im Bundeswahlgesetz[107] und den Satzungen der

[105] S. unten S. 69 ff.

[106] Zur Kandidatenaufstellung nach den Wahlgesetzen der Länder der Bundesrepublik siehe für
1. Baden-Württemberg: § 25 des Landtagswahlgesetzes i. d. F. v. 10. November 1975 (GBl. S. 802),
2. Bayern: §§ 40 bis 42 des Landeswahlgesetzes i. d. F. v. 6. März 1974 (GVBl. S. 133),
3. Berlin: § 18 des Landeswahlgesetzes i. d. F. v. 13. März 1974 (GVBl. S. 594), zuletzt geändert durch Gesetz v. 26. November 1974 (GVBl. S. 2746),
4. Bremen: § 21 des Landeswahlgesetzes v. 30. April 1975 (GVBl. S. 185),
5. Hamburg: § 24 des Gesetzes über die Wahl zur hamburgischen Bürgerschaft i. d. F. v. 16. Dezember 1974 (GVBl. S. 382),
6. Hessen: § 24 des Landeswahlgesetzes i. d. F. v. 4. Febr. 1975 (GVBl. S. 20),
7. Niedersachsen: § 18 des Landeswahlgesetzes i. d. F. v. 5. November 1973 (GVBl. S. 407),
8. Nordrhein-Westfalen: § 18 des Landeswahlgesetzes i. d. F. v. 22. Juli 1974 (GVBl. S. 660),
9. Rheinland-Pfalz: § 33 a des Landeswahlgesetzes i. d. F. v. 12. Januar 1959 (GVBl. S. 23), zuletzt geändert durch Gesetz v. 18. Februar 1975 (GVBl. S. 92),
10. Saarland: § 25 des Landeswahlgesetzes v. 29. September 1960 (Amtsbl. S. 759), zuletzt geändert durch Gesetz v. 13. November 1974 (Amtsbl. S. 1011),
11. Schleswig-Holstein: § 23 des Landeswahlgesetzes i. d. F. v. 18. März 1966 (GVOBl. S. 41), zuletzt geändert durch Gesetz v. 16. September 1974 (GVOBl. S. 340);
siehe auch die (allerdings nicht zuverlässige) Übersicht bei Rüdiger Wolfrum, Die Bewertung innerparteilicher Vorgänge bei der Zulassung von Parteivorschlägen zu Landtags- und Bundestagswahlen, ZParl 1975, S. 323 (327—332).

[107] Bundeswahlgesetz v. 7. Mai 1956 (BGBl. I S. 383) i. d. F. der Bekanntmachung v. 1. September 1975 (BGBl. I S. 2325).

Parteien geregelt (§ 17 Satz 2 PartG)[108]. Sie orientiert sich dabei an dem allgemeinen Wahlsystem. Danach hat jeder Wähler zwei Stimmen, eine Erststimme für die Wahl eines Wahlkreisbewerbers und eine Zweitstimme für die Wahl einer Landesliste (§ 4 BWahlG). Bei der Wahl im Wahlkreis ist der Bewerber gewählt, der die relative Mehrheit der abgegebenen Stimmen erhält (§ 5 Satz 2 BWahlG). Auf diese Weise werden von den 518 Sitzen des Deutschen Bundestages 248 vergeben (§§ 1 Abs. 2, 54 Nr. 1 BWahlG). Hinzu treten 22 Abgeordnete des Landes Berlin (§ 54 Nr. 2 BWahlG). Die übrigen 248 Abgeordneten werden mit der Zweitstimme nach einem „starr gebundenen" Listensystem gewählt[109]. Dabei hat der Wähler mit seiner Stimmabgabe keinen Einfluß auf die Reihenfolge der Bewerber auf den zur Wahl stehenden Landeslisten[110]. Dieses zweigleisige sog. personalisierte Verhältniswahlsystem macht es erforderlich, für die Wahl im Wahlkreis sog. Wahlkreisbewerber und für die Wahl nach Landeslisten sog. Listenbewerber aufzustellen.

2. *Die Aufstellung der Wahlkreisbewerber*

Vorschläge zur Wahl eines Wahlkreisbewerbers (Kreiswahlvorschläge) können von Parteien, aber auch von anderen Gruppen oder Einzelpersonen eingereicht werden, sofern sie nur von mindestens 200 Wahlberechtigten des Wahlkreises unterzeichnet sind (§ 20 Abs. 2 bis 4 BWahlG). Die Zulassung auch von „parteifreien" Einzelbewerbern ist verfassungsrechtlich gewährleistet[111]. Nach der Wahl zum 1. Deutschen Bundestag ist es jedoch keinem

---

108 Gesetz über die politischen Parteien (Parteiengesetz) v. 24. Juli 1967 (BGBl. I S. 773), zuletzt geändert durch Gesetz v. 24. Juli 1974 (BGBl. I S. 1537).

109 Zu möglichen Bedenken gegen eine Verhältniswahl mit streng gebundenen Listen vom Grundsatz der Unmittelbarkeit der Wahl her siehe Wahlrechtskommission (s. Anm. 3), S. 30/31.

110 Zu Systemen „lose gebundener" Listen s. unten S. 69 ff.

111 Siehe den Beschluß des 2. Senats des BVerfG v. 9. März 1976 — 2 BvR 89/74 — in Sachen Daniels (B II 3 der Gründe) sowie die Entscheidung des Wahlprüfungsgerichts bei dem Abgeordnetenhaus Berlin v. 13. November 1975, NJW 1976, H. 13, S. 560, das die Regelung des Art. 26 Abs. 2 der Berliner Verfassung v. 1. September 1950, wonach Wahlvorschläge nur von politischen Parteien eingereicht werden konnten, für grundgesetzwidrig erklärte und damit in zwei Berliner Wahlkreisen Nachwahlen erforderlich machte (siehe dazu Ludger-Anselm Versteyl, Das passive Wahlrecht unab-

unabhängigen Wahlbewerber mehr gelungen, in den Bundestag einzuziehen[112].

Für die Nomination von unabhängigen Wahlbewerbern enthält das Bundeswahlgesetz keine Verfahrensvorschriften. Es bedarf dazu keiner Versammlung oder geheimen Abstimmung der ihn unterstützenden Wahlberechtigten oder Gruppen[113]. Für die Aufstellung von Parteibewerbern schreibt das Bundeswahlgesetz mit Rücksicht auf den Grundsatz der innerparteilichen Demokratie (Art. 21 Abs. 1 Satz 3 GG) jedoch ein besonderes parteiinternes Auswahlverfahren vor[114]. Danach kann als Bewerber einer Partei in einem Kreiswahlvorschlag nur benannt werden, wer in einer Mitgliederversammlung zur Wahl eines Wahlkreisbewerbers oder in einer besonderen oder allgemeinen Vertreterversammlung hierzu gewählt worden ist (§ 21 Abs. 1 Satz 1 BWahlG)[115]. Die hiermit vorgeschriebene Wahl *in* einer Versammlung schließt also de lege

---

hängiger Kandidaten, ZParl 1976, H. 1, S. 65 sowie Karl Albrecht Schachtschneider, Das Nominationsmonopol der Parteien in Berlin, JR 1975, S. 89).

112 Siehe Klemens Kremer, Der Abgeordnete zwischen Entscheidungsfreiheit und Parteidisziplin, 2. Aufl. 1956, S. 56 ff.; Schreiber, a. a. O. (s. Anm. 36), S. 277. Bei der Wahl zum 6. Deutschen Bundestag konnte allerdings der langjährige Bonner Oberbürgermeister Wilhelm Daniels, obgleich er von der CDU nicht unterstützt wurde, als unabhängiger Wahlkreisbewerber immerhin 20,06 % der Erststimmen auf sich vereinigen (vgl. zu seinem Begehren auf Wahlkampfkostenerstattung Ludger-Anselm Versteyl, Der unabhängige Kandidat bei der Bundestagswahl — Zum Urteil des Bundesverwaltungsgerichts vom 16. 11. 1973 über die Wahlkampfkostenerstattung unabhängiger Wahlkreisbewerber, ZParl 1975, S. 341 sowie nunmehr den Beschluß des 2. Senats des BVerfG v. 9. März 1976 — 2 BvR 89/74 —).

113 Schreiber, a. a. O. (s. Anm. 36), S. 277. Die Landeswahlgesetze (s. Anm. 106) von Bremen (§ 21 Abs. 6), Hessen (§ 24 Abs. 1) und Rheinland-Pfalz (§ 33 a Abs. 5) schreiben demgegenüber vor, daß die Bestimmungen über die Kandidatenaufstellung auch für Wählervereinigungen (Wählergruppen) gelten.

114 Siehe dazu im einzelnen: Karl-Heinz Seifert, Das Bundeswahlgesetz, 2. Aufl. 1965, S. 139—145 und S. 169—170; Henke, a. a. O. (s. Anm. 11), S. 192 bis 196; Schreiber, a. a. O. (s. Anm. 36), S. 276—293 und S. 325—326.

115 Wie nach dem BWahlG kann auch nach den Landeswahlgesetzen (s. Anm. 106) von Bayern (§ 41 Abs. 1 und 2), Bremen (§ 21 Abs. 1), Hamburg (§ 24 Abs. 1 und 2) und Rheinland-Pfalz (§ 33 a Abs. 1 und 2) die Kandidatenaufstellung ausdrücklich in einer Mitgliederversammlung oder einer besonderen oder allgemeinen Vertreterversammlung erfolgen. Die Landeswahlgesetze von Berlin (§ 18 Abs. 1), Hessen (§ 24 Abs. 2), Niedersachsen (§ 18 Abs. 1), Nordrhein-Westfalen (§ 18 Abs. 2) und dem Saarland (§ 25 Abs. 1 Satz 2)

lata die Aufstellung des Wahlkreisbewerbers im Wege einer parteiinternen Briefwahl aus[116, 116a].

An der unmittelbaren Wahl des Wahlkreisbewerbers oder der Wahl der Delegierten für die Vertreterversammlung dürfen nur die im Zeitpunkt des Zusammentritts der Mitgliederversammlung im Wahlkreis zum Bundestag wahlberechtigten Parteimitglieder teilnehmen (§ 21 Abs. 1 Satz 2 bis 4 BWahlG). Ausländische Mitglieder deutscher Parteien oder nicht der Partei angehörige Wahlberechtigte dürfen somit nicht mit Stimmrecht an der Kandidatenaufstellung mitwirken[117]. Es wäre de lege lata daher auch unzulässig, nicht der Partei angehörige Wahlberechtigte für die Teilnahme an der Kandidatenaufstellung zu kooptieren[118]. Die Wahl der Wahlkreisbewerber und wohl auch die der Delegierten hat in geheimer Abstimmung zu erfolgen (§ 17 Satz 1 PartG, § 21 Abs. 6 Satz 2 BWahlG)[119].

---

sprechen von einer Mitglieder- oder Vertreterversammlung, ohne vom Wortlaut her allgemeine Vertreterversammlungen eindeutig auszuschließen. Eine Ausnahme bildet insoweit aber wohl das Landeswahlgesetz von Schleswig-Holstein (§ 23 Abs. 1 Satz 2), während das Landtagswahlgesetz von Baden-Württemberg das Verfahren den Satzungen der Parteien überläßt (§ 25 Abs. 4 Satz 1). Die abweichende Darstellung dieser Übersicht bei Wolfrum, a. a. O. (s. Anm. 106), S. 330 ist irreführend bis falsch!

116 Seifert, a. a. O. (s. Anm. 114), S. 140; Schreiber, a. a. O. (s. Anm. 36), S. 282.

116a Da die Bewerberaufstellung zudem in *einer* (einzigen) Versammlung vorgeschrieben ist (siehe Schreiber, a. a. O., s. Anm. 36, S. 280), wäre es entgegen der Ansicht Trautmanns, a. a. O. (s. Anm. 41), S. 281/282 ebenfalls nur de lege ferenda möglich, die örtlichen Mitgliederversammlungen im Anschluß an die Vorstellung der Kandidaten und die Personal- und Sachdebatte zu vertagen und dann einige Zeit später eine unmittelbare Wahl des Bewerbers durch die wahlberechtigten Parteimitglieder im Wahlkreis in verschiedenen Parteiwahllokalen stattfinden zu lassen (vgl. den entsprechenden Vorschlag von Günther Willms, Zur Problematik eines Parteiengesetzes, JZ 1958, 265 [266 Anm. 3]).

117 Siehe Joachim Henkel, Politische Integration und Repräsentation ausländischer Arbeitnehmer in der Bundesrepublik Deutschland, ZParl 1974, S. 91 (92) zum früheren § 22 Abs. 1 BWahlG, dessen Wortlaut im Unterschied zum heutigen § 21 Abs. 1 BWahlG diese Auffassung noch nicht eindeutig zum Ausdruck brachte.

118 Dazu unten S. 68—69.

119 So Schreiber, a. a. O. (s. Anm. 36), S. 286 m. w. N.; a. A. Seifert, a. a. O. (s. Anm. 114), S. 141. Die geheime Wahl auch der Delegierten ist ausdrücklich vorgeschrieben in den Landeswahlgesetzen (s. Anm. 106) von Bremen (§ 21 Abs. 3) und Nordrhein-Westfalen (§ 18 Abs. 2).

Die Einzelheiten der Kandidatenaufstellung sind in den Satzungen der Parteien geregelt. Sie finden sich sowohl in den Bundessatzungen als auch in den Satzungen der Landesverbände oder selbst der Gebietsverbände unterhalb der Landesebene[120]. Danach werden bei der FDP die Wahlkreisbewerber in der Regel unmittelbar in einer Mitgliederversammlung gewählt[121]. Auch innerhalb der CDU fand für die Wahl zum 7. Bundestag im Jahre 1972 in sieben[122] und für die Wahl zum 8. Bundestag im Jahre 1976 in etwa ebensovielen Wahlkreisen eine solche Urwahl statt[123]. Im übrigen werden die Wahlkreisbewerber bei SPD, CDU und CSU in mittelbarer Wahl aufgestellt. Dies geschieht in der Regel durch eigens für diesen Zweck gewählte besondere Vertreterversammlungen im Sinne des § 21 Abs. 1 Satz 3 BWahlG, aber teils auch durch allgemeine Vertreterversammlungen im Sinne des § 21 Abs. 1 Satz 4 BWahlG. Bei diesen allgemeinen Vertreterversammlungen handelt es sich um Parteitage oder ähnliche Gremien, denen kraft Satzung allgemein die Aufstellung von Bewerbern für öffentliche Wahlen als (Haupt-) Aufgabe zugewiesen ist[124].

Die Wahl der Delegierten zu diesen Vertreterversammlungen geschieht in den örtlichen Mitgliederversammlungen. Die Zahl der von jeder Mitgliederversammlung zu wählenden Delegierten richtet sich nach einem bestimmten „Delegiertenschlüssel" (§ 13 PartG). Dieser Delegiertenschlüssel kann von der Zahl der Mitglieder oder von den Wahlergebnissen im Bereich der einzelnen örtlichen Parteigliederungen ausgehen oder auch beide Elemente miteinander verbinden.

Bei SPD und CDU entfallen danach auf je 10 bis 25 Mitglieder ein Delegierter[125]. Bei der CSU werden dagegen unabhängig von

---

[120] Zur Praxis der Kandidatenaufstellung durch die Parteien siehe im einzelnen die Seminartagung (s. Anm. 28), S. 12—90.

[121] Meuschel, Seminartagung (s. Anm. 28), S. 28.

[122] Scheib, Seminartagung (s. Anm. 28), S. 22.

[123] Bei der SPD gibt es eine unmittelbare Wahl allein bei der Aufstellung von Kandidaten für Gemeindevertretungen, sofern in der Gemeinde nur ein einziger Ortsverein besteht (siehe § 11 Abs. 4 des Organisationsstatuts der SPD v. 18. Dezember 1971, zuletzt geändert am 15. November 1975).

[124] Schreiber, a. a. O. (s. Anm. 36), S. 284.

[125] Seminartagung (s. Anm. 28), S. 20—21, 32, wobei die Zahl der Parteimitglieder pro Delegierter in einigen Landesverbänden der CDU auch erheblich höher liegt (bis zu 150).

der Zahl der Parteimitglieder im Wahlkreis immer 60 Delegierte für die Wahlkreisdelegiertenkonferenz gewählt[126]. Als Delegierte werden meist solche Parteimitglieder gewählt, die in der Partei irgendein Amt oder eine exekutive Funktion wahrnehmen oder bereits ein parlamentarisches Mandat innehaben[127]. Als Teilnehmer auf Wahlkreisdelegiertenkonferenzen finden sich zudem häufig sog. ex-officio-Mitglieder[128], die jedoch nur eine beratende Stimme besitzen dürfen[129]. Die Delegiertenkonferenzen setzen sich somit fast ausschließlich aus Parteifunktionären zusammen. Sie befinden dabei über Bewerber, die nach dafür aufgestellten Richtlinien der Parteien[130] ausgesucht und von den Führungsoligarchien auf Kreisebene „gesichtet" sind[131].

Als Ergebnis ist somit festzustellen, daß die Parteimitglieder auf die Aufstellung der Wahlkreisbewerber einen entscheidenden Einfluß ausüben können, auch wenn das Verfahren weithin von den örtlichen Führungsgruppen vorprogrammiert ist. Die Mitglieder der jeweils stärksten Partei vergeben auf diese Weise in den etwa 150 bis 160 stabilen Wahlkreisen mit der Kandidatenaufstellung bereits das Mandat[132]. Bei für eine Partei unsicheren Wahlkreisen entscheidet dagegen erst die Aufnahme des von den Parteimitgliedern im Wahlkreis gewählten Bewerbers auf die Landesliste, ob dieser tatsächlich eine Chance erhält, in das Parlament einzuziehen.

3. *Die Aufstellung der Listenbewerber*

Vorschläge zur Wahl von Listenbewerbern können nur von Parteien gemacht werden. Sie werden in Form von Landeslisten eingereicht (§ 27 Abs. 1 BWahlG). Der vielfach erörterte Wunsch von

[126] § 29 Abs. 1 Satz 1 der Satzung der CSU i. d. F. v. 13. Juli 1974; entsprechend auch in einigen Landesverbänden der CDU: Seminartagung (s. Anm. 28), S. 21.
[127] Kaack, a. a. O. (s. Anm. 30), S. 597.
[128] Vgl. nur § 30 Abs. 1 Buchstabe a) bis d) der Satzung der CSU (s. Anm. 126).
[129] Henke, a. a. O. (s. Anm. 11), S. 195; Seifert, a. a. O. (s. Anm. 114), S. 140.
[130] Siehe die bei Kaack, a. a. O. (s. Anm. 30), S. 605—612 abgedruckten Richtlinien der CDU/Rheinland-Pfalz und des SPD-Parteivorstandes.
[131] Kaack, a. a. O. (s. Anm. 30), S. 601.
[132] Kaack, a. a. O. (s. Anm. 30), S. 596.

Parteiführungen nach ergänzenden Bundeslisten hat sich bisher nicht durchsetzen können[133]. Der gesetzliche Ausschluß von „parteifreien" Listenvorschlägen ist verfassungsrechtlich nicht zu beanstanden, da die Gründung einer Partei für politische Vereinigungen, die eine Landesliste zu tragen vermögen, ohne weiteres möglich ist[134].

Die Aufstellung der Landesliste vollzieht sich entsprechend dem für die Wahl der Wahlkreisbewerber geschilderten Verfahren (§ 27 Abs. 5 BWahlG). Nach den Satzungen der Parteien erfolgt sie jedoch immer in mittelbarer Wahl durch besondere, aber auch allgemeine Vertreterversammlungen[135]. Bei der FDP entscheidet z. B. in sechs von elf Landesverbänden ein ordentlicher Landesparteitag, d. h. eine allgemeine Vertreterversammlung, über die Aufstellung der Liste[136].

---

[133] Karl Lohmann, Der Deutsche Bundestag, 2. Aufl. 1971, S. 32. In Österreich ist es dagegen den Bundesparteileitungen gelungen, sich in den Satzungen das Vorschlagsrecht für einen bestimmten Anteil der Listenbewerber in den Nationalratswahlkreisen vorzubehalten. So hat die Bundesparteileitung der ÖVP aufgrund des sog. Bundespräzipuums das Recht, den Landesparteileitungen 5 %, mindestens aber einen Kandidaten zu benennen (§ 33 Abs. 1 b des Bundesorganisationsstatuts von 1972). Allerdings liegt die Reihung der Kandidaten und damit auch die Erfolgschance der vom Bundesvorstand benannten Kandidaten letztlich wieder beim Landesvorstand. Entsprechend hat bei der SPÖ der Bundesvorstand seit 1968 das Recht, sich 20 v. H. der Listenplätze als sog. Parteinotwendigkeiten vorzubehalten. Auch hier ist der Bundesvorstand bei der entscheidenden Frage, welchen Platz diese „Parteinotwendigkeiten" auf der Liste erhalten sollen, ausdrücklich auf das Einvernehmen mit den „zuständigen Organisationen" angewiesen (§ 52 Abs. 1 des Programms und Statuts der SPÖ; siehe Pelinka/Welan, a. a. O., s. Anm. 83, S. 309).

[134] Schreiber, a. a. O. (s. Anm. 36), S. 320—321 mit zahlreichen Hinweisen auch auf dieser Ansicht kritisch gegenüberstehende Stimmen.

[135] Die Aufstellung der Listenbewerber unmittelbar in einer Mitgliederversammlung ist für die Landtagswahlen (s. Anm. 106) in Bayern und Hessen im Unterschied zum BWahlG sogar schon gesetzlich ausgeschlossen (Bayern: § 42 Abs. 2; Hessen: § 24 Abs. 1). Das bay. Landeswahlgesetz sieht jedoch vor, daß die Wahlkreisliste (= Landesliste i. S. des BWahlG) nur in einer besonderen Vertreterversammlung aufgestellt werden kann (§ 42 Abs. 2), während für die Aufstellung der Stimmkreisbewerber (= Wahlkreisbewerber i. S. des BWahlG) auch eine allgemeine Vertreterversammlung zugelassen ist (§ 41 Abs. 2).

[136] Meuschel, Seminartagung (s. Anm. 28), S. 28—29.

Im Unterschied zur Wahl der Wahlkreisbewerber wird die Aufstellung der Landesliste häufig in Form einer Stufenwahl durchgeführt. Danach wählen die Parteimitglieder im Wahlkreis zunächst in ihren Mitgliederversammlungen Vertreter für die Wahlkreisdelegiertenkonferenz und diese Vertreter wählen dann ihrerseits nach einem bestimmten Schlüssel Delegierte für die Landesdelegiertenkonferenz[137]. Eine solche Stufenwahl ist aufgrund des Bundeswahlgesetzes zumindest für die Aufstellung der Listenbewerber als zulässig anzusehen[138,139]. Sie darf aber nicht zu einer „Filtrierung" des Willensbildungsprozesses führen, der den Einfluß der Parteimitglieder auf die Aufstellung der Landesliste in nicht mehr zu rechtfertigender Weise zurückdrängt. Die Wahl der Vertreter zur Landesdelegiertenkonferenz wird daher nur über eine einzige Zwischenstufe vermittelt werden dürfen.

Die Vorschläge für die Landeslisten werden meist durch die Landesvorstände oder andere durch Satzung dazu bestellte Organe eingebracht[140]. Auch dort, wo das Vorschlagsrecht wie z. B. bei der CSU allein den Delegierten vorbehalten ist, bilden gleichwohl vom Landesvorstand vorbereitete Listen die entscheidende Grundlage für die endgültige Aufstellung der Landesliste[141]. Diese Listenvorschläge sind in einem langwierigen und mühsamen Abstimmungsprozeß zwischen den verschiedenen regionalen und interessenbestimmten Führungsgruppen der Partei ausgehandelt. Sie sind das Ergebnis eines Ausgleichs von höchst unterschiedlichen Proporzerwägungen[142]. Die Delegierten werden die eingebrachten

---

137 Siehe z. B. § 29 Abs. 3 b) i. V. m. § 30 Abs. 1 a) der Satzung der CSU (s. Anm. 126).

138 Henke, a. a. O. (s. Anm. 11), S. 195; Seifert, a. a. O. (s. Anm. 114), S. 141; Schreiber, a. a. O. (s. Anm. 36), S. 283—284 m. w. N.; a. A. Wolfrum, a. a. O. (s. Anm. 106), S. 329.

139 Eine solche Stufenwahl ist im bay. Landeswahlgesetz sogar ausdrücklich für zulässig erklärt (§§ 41 Abs. 2, 42 Abs. 2). Der Wortlaut der übrigen Landeswahlgesetze (s. Anm. 106) ist in dieser Frage dagegen ebenso der Auslegung zugänglich und bedürftig wie der des BWahlG. Die Stufenwahl ist in ihnen jedenfalls nicht ausdrücklich ausgeschlossen, wie Wolfrum, a. a. O. (s. Anm. 106), S. 329 irreführend behauptet.

140 Siehe Seminartagung (s. Anm. 28), S. 79 ff.

141 Dannecker, Seminartagung (s. Anm. 28), S. 86.

142 Siehe ausführlich Kaack, a. a. O. (s. Anm. 30), S. 621—637; dazu auch unten S. 63—64.

Listenvorschläge daher in der Regel nur noch geringfügig verändern können[143], zumal sie meist selbst in irgendeiner Form an ihrer Vorbereitung beteiligt gewesen sein werden.

Als Ergebnis ist damit festzuhalten, daß der Einfluß der Parteimitglieder auf die Aufstellung der Landesliste gering ist. Wer auf die Liste kommt und in welcher Reihenfolge, wird von den verschiedenen Führungsgruppen innerhalb der Partei, aber auch von außen durch einflußreiche Interessenverbände[144] vorbestimmt. Die Delegierten werden die so zusammengestellten Listenvorschläge allenfalls noch in wenigen Einzelposten verändern können. Es darf allerdings nicht übersehen werden, daß bei den Wahlen zum Bundestag ein erheblicher Anteil unter den Listenbewerbern zugleich als Wahlkreisbewerber aufgestellt und damit doch von der Parteibasis her ausreichend legitimiert ist[145].

III. Stärkung des Einflusses der „Parteibürger"

1. *Belebung der parteiinternen Kanidatenaufstellung im Rahmen des geltenden Rechts*

Zunächst ist es schon möglich, das geschilderte parteiinterne Verfahren der Kandidatenaufstellung im Rahmen des geltenden Rechts stärker zu beleben[146].

---

143 Vgl. Seminartagung (s. Anm. 28), S. 84/85; in diesem Sinne auch die Wahlrechtskommission (s. Anm. 3), S. 114.

144 Vgl. Lohmann, a. a. O. (s. Anm. 133), S. 18.

145 Bei der Wahl zum 7. Deutschen Bundestag waren ²/₃ der Wahlkreisbewerber gleichzeitig auf einer Landesliste aufgestellt. Über ¹/₃ aller von den acht zugelassenen Parteien vorgeschlagenen Listenbewerber waren somit auch in einem Wahlkreis aufgestellt (siehe die Zahlen in: Bevölkerung und Kultur, Reihe 8, Heft 9, Dezember 1975, hrsg. vom Statistischen Bundesamt, S. 10 bis 11). Die auf die Landesliste übernommenen Wahlkreisbewerber erhalten allerdings meist einen „sicheren" Listenplatz, so daß von den über die Liste in den Bundestag gewählten Abgeordneten im Durchschnitt über 80 v. H. zugleich in einem Wahlkreis aufgestellt waren (vgl. die Angaben bei Zeuner, Wahlen ohne Auswahl, s. Anm. 30, S. 179).

146 Vgl. auch Klaus Otto Nass, Die verfassungsrechtlichen Wahlrechtsgrundsätze bei der Aufstellung von Parteikandidaten für Bundestagswahlen, in: Im Dienst an Recht und Staat. Festschrift zum 70. Geburtstag von Werner Weber, 1974, S. 311, der vorschlägt, den Einfluß der Parteibürokratie zugunsten des einfachen Parteimitglieds durch eine Ausdehnung der Wahlrechtsgrundsätze des Art. 38 Abs. 1 GG auf die parteiinterne Kandidatenaufstellung zurückzudrängen.

Es bieten sich dazu eine Reihe von Wegen an, die vielfach auch schon beschritten werden. So sollten die Listenbewerber nicht, wie es teils geschieht, auf „allgemeinen Vertreterversammlungen“ (§ 27 Abs. 5 i. V. m. § 21 Abs. 1 Satz 4 BWahlG)[147], sondern eigens dafür gewählten „besonderen Vertreterversammlungen“ (§ 27 Abs. 5 i. V. m. § 21 Abs. 1 Satz 2 BWahlG) aufgestellt werden. Auf Vertreterversammlungen sollte jedem Delegierten das Recht zustehen, seinerseits (nicht von bestimmten Parteigremien zuvor sanktionierte) Vorschläge zu unterbreiten, und zwar ohne Unterschied, ob es sich um die Aufstellung von Wahlkreis- oder Listenbewerbern handelt[148]. Die zuständigen Parteigremien sollten sich ferner bemühen, möglichst mehrere miteinander konkurrierende Bewerber vorzuschlagen, damit die Parteimitglieder oder ihre Delegierten eine Alternative besitzen und damit eine Auswahl treffen können[148a]. Mit der Einladung zur Mitgliederversammlung, in der die Delegierten gewählt werden, sollte allgemein den Parteimitgliedern eine Liste der bisher bekannten Bewerber zugesandt werden, die auch einige Angaben über Lebenslauf und politische Ziele der Bewerber enthält. Verhinderten Parteimitgliedern könnte das Recht eingeräumt werden, ihre Stimme auf ein Mitglied ihres Vertrauens zu übertragen. Das könnte auf der Grundlage des geltenden Bundeswahlgesetzes durch eine Änderung der Parteisatzungen geschehen[149].

Es sollte sich ferner das Verfahren der Kandidatenbefragung in den örtlichen Mitgliederversammlungen als ständige Übung weiterentwickeln. Die Wahl der Delegierten sollte allgemein erst nach ausgiebiger Diskussion der Vorzüge und Nachteile der einzelnen Bewerber stattfinden. Dabei sollte es auch zulässig sein, die Delegierten zu befragen, für welchen Kandidaten sie in der Vertreterversammlung stimmen werden. Zu den entscheidenden Mitglieder-

[147] Kritisch gegenüber allgemeinen Vertreterversammlungen: Böckenförde, a. a. O. (s. Anm. 3), S. 13; Wolfrum, a. a. O. (s. Anm. 106), S. 330.

[148] Für die Aufstellung der Landtagskandidaten schreiben in diesem Sinne die Landeswahlgesetze (s. Anm. 106) von Bayern (§ 41 Abs. 1 Satz 5) und Schleswig-Holstein (§ 23 Abs. 2) vor, daß bei einer Mitgliederversammlung nur die Mitglieder und in einer Vertreterversammlung nur die von ihnen gewählten Delegierten vorschlagsberechtigt sind.

[148a] Vgl. Trautmann, a. a. O. (s. Anm. 41), S. 283/284.

[149] Seifert, a. a. O. (s. Anm. 114), S. 140.

versammlungen sollten auch Pressevertreter eingeladen werden, die dann in der regionalen Presse den Wählern insgesamt über die Hintergründe der Kandidatenaufstellung berichten könnten. Die hier im Rahmen des geltenden Rechts unterbreiteten Vorschläge werden das bisherige Verfahren der Kandidatenaufstellung zwar beleben, aber doch nicht wesentlich verbessern können.

2. *Die amerikanischen „primaries"*

Die Vorwahlen in den Vereinigten Staaten dienen immer wieder als Anstoß, das geltende Verfahren der Kandidatenaufstellung grundlegend zu überdenken[150]. Der Reiz der amerikanischen Vorwahlen in ihren beiden Formen der „open primary" und der „closed primary"[151] besteht darin, daß praktisch jeder wahlberechtigte Bürger an ihnen teilnehmen kann. Denn selbst an den „closed primaries" können sich nicht nur bei den Parteien registrierte Mitglieder, sondern auch alle anderen wahlberechtigten Bürger beteiligen, sofern sie sich nur entschließen, bei der Wahlbehörde eine letztlich unverbindliche Sympathieerklärung für eine der beiden Parteien abzugeben, die sie zudem jederzeit revidieren können. Allen wahlberechtigten Bürgern wird somit ein unmittelbares Mitspracherecht bei der Auswahl der Kandidaten eingeräumt.

---

[150] Siehe nur die besondere Stellungnahme der Prof. Dürig, Ellwein und Scheuch zur Einführung einer Vorwahl (Primary) für die Kandidatenaufstellung, in: Zur Neugestaltung des Bundestagswahlrechts, Bericht des vom Bundesminister des Innern eingesetzten Beirats für Fragen der Wahlrechtsreform, 1968, S. 63 oder Oppermann auf der Staatsrechtslehrertagung 1974, a. a. O. (s. Anm. 3), S. 63 (LS 10).

[151] Siehe im einzelnen: James Hillson Cohen, Political Candidate Nominations. A comparative study of the law of primaries and German party candidate nominating procedures, JöR N. F. Bd. 18 (1969), S. 491—538; Georg Fabritius, Die amerikanischen Vorwahlen (primaries) als Modell für das Parteien- und Wahlsystem der Bundesrepublik?, Politische Studien 1972, S. 566—574; Eberhard Kölsch, Vorwahlen. Zur Kandidatenaufstellung in den USA, 1972, 166 S.; Karl Loewenstein, Kooptation und Zuwahl. Über die automone Bildung privilegierter Gruppen, 1973, S. 91—97; Siegfried Magiera, Vorwahlen und demokratische Kandidatenaufstellung im modernen Parteienstaat, JöR N. F. Bd. 22 (1973), S. 621 (625—665); Ute Müller-Wigley, Primary-Wahlen in der Bundesrepublik?, Politische Studien 1971, S. 337 bis 358; Rüdiger Wolfrum, Die innerparteiliche demokratische Ordnung nach dem Parteiengesetz, 1974, S. 186—194.

Eine Übernahme solcher Vorwahlen durch die Bundesrepublik ist aber gleichwohl nicht zu empfehlen[152]. Grundlegende Vorbedingung wäre insoweit, daß das geltende Verhältniswahlsystem durch ein Mehrheitswahlsystem ersetzt würde[153]. Dafür fehlen jedoch auf absehbare Zeit alle Voraussetzungen[154], zumal die jüngste Entwicklung in Großbritannien zeigt, daß auch das Mehrheitswahlrecht nicht unbedingt stabile Mehrheitsverhältnisse im Parlament gewährleistet. Für eine Einführung von Vorwahlen nach amerikanischem Muster wäre auch ein gewandeltes Selbstverständnis der deutschen Parteien erforderlich. Sie müßten noch weiter abrücken von dem Bild in sich geschlossener, ideologisch voneinander abgegrenzter Gruppen. Das Programm der Parteien hätte noch stärker hinter die Person der Wahlbewerber zurückzutreten. Der deutsche Wähler hätte zudem Verständnis aufzubringen für innerparteiliche, aber offen ausgetragene Konkurrenzkämpfe. Gerade dieses Verständnis fehlt aber in der Bundesrepublik und damit ein wesentlicher Faktor für den Erfolg von Vorwahlen[155].

Endlich ist zu bedenken, daß die Bundesrepublik keine Präsidialdemokratie ist. Die Stabilität ihres Regierungssystems setzt daher anders als in den Vereinigten Staaten eine feste Parteienstruktur voraus. Vorwahlen nach amerikanischem Vorbild könnten jedoch selbst in der Form der „closed primary" zur Auflösung dieser Parteienstruktur und ihrer Integrationsleistung beitragen und damit die Wirksamkeit des parlamentarischen Regierungssystems der Bundesrepublik gefährden[156]. Es stimmt ferner nach-

---

[152] A. A. Magiera, a. a. O. (s. Anm. 151), S. 660—662.

[153] So gehen auch Dürig/Ellwein/Scheuch, a. a. O. (s. Anm. 150) bei ihrem Vorschlag von der Einführung des Mehrheitswahlrechts in Einerwahlkreisen aus.

[154] Zur Diskussion um das Wahlsystem siehe die Nachweise bei Schreiber, a. a. O. (s. Anm. 36), S. 99—100.

[155] Vgl. Bodo Zeuner, Innerparteiliche Demokratie, 1969, S. 17 sowie die in Anm. 41 genannten Hinweise.

[156] Zum Pro und Contra siehe neben den Hinweisen in Anm. 151 auch Rietdorf, Stärkung der Bürgerrechte im Rahmen des Wahlverfahrens, Drs. Nr. 099 der Enquete-Kommission Verfassungsreform des Deutschen Bundestages v. 16. Mai 1974; Kessel, Primärwahlen, Materialie Nr. 22 der Wissenschaftlichen Dienste des Deutschen Bundestages vom Juni 1971; Hans Peters, Zur Kandidatenaufstellung für freie demokratische Wahlen, in: Vom Bonner Grundgesetz zur gesamtdeutschen Verfassung, Festschrift zum 75. Geburtstag

denklich, daß die „primaries“ selbst in Großbritannien mit seinem Mehrheitswahlsystem bisher keinen Anklang gefunden haben[157] und auch in den Vereinigten Staaten nicht unbestritten sind. So wird bezweifelt, ob das Vorwahlsystem tatsächlich so demokratisch sei, wie es sich ausgibt, oder es wird als wesentlicher Mangel der Vorwahlen darauf hingewiesen, daß sie die Verantwortlichkeit der Parteien für die in den Vorwahlen erfolgreichen Bewerber verringerten. Es wird in den Vereinigten Staaten daher sogar erwogen, ob das System der „primaries“ nicht durch ein repräsentatives „convention system“ abgelöst werden sollte, das die Kandidatenaufstellung in die Verantwortung der Parteien legt[158].

3. *Vorwahlexperimente der Österreichischen Volkspartei (ÖVP)*

Die von der ÖVP seit dem Frühjahr 1969 auf allen Ebenen durchgeführten Vorwahlexperimente[159, 160] könnten im Unterschied

---

von Hans Nawiasky, 1956, S. 341 (353/354); Beirat für Fragen der Wahlrechtsreform, a. a. O. (s. Anm. 150), S. 48/49 und S. 63—67; Wahlrechtskommission (s. Anm. 3), S. 113, 115 und 116.

157 Zum gegenwärtigen Verfahren der Kandidatenaufstellung in Großbritannien siehe: Michael Rush, The Selection of Parliamentary Candidates, London 1969; Austin Ranney, Pathways to Parliament. Candidate Selection in Britain, 1965; McKenzie, a. a. O. (s. Anm. 23), S. 216—219 u. 250—253 (für die Konservativen) sowie S. 539, 549—557 und 570 (für die Labour Party); Loewenstein, a. a. O. (s. Anm. 29), S. 89—91; ders., Staatsrecht und Staatspraxis von Großbritannien, Bd. 1, 1967, S. 176—177 und 189—191; Rees-Mogg und T. E. M. McKitterick, The Selection of Parliamentary Candidates, Political Quarterly, London 1959, Vol. 30, S. 215—219 und 219—223 für die Konservativen und die Labour Party; Sigrid Kunze, Wahlkosten und Wahlchancengleichheit bei den Unterhauswahlen in Großbritannien, 1968, S. 63—73; Henkel, a. a. O. (s. Anm. 28), S. 141—144; Jeffrey Obler, The Role of National Party Leaders in the Selection of Parliamentary Candidates, in: Comparative Politics, New York, Vol. 5 (1972/73), N° 2 v. Januar 1973, S. 157 (158—159), der sich aber hauptsächlich mit der Kandidatenaufstellung der belgischen Parteien auseinandersetzt; vgl. auch die Hinweise in Anm. 180, 181 und 198.

158 Madron/Chelf, a. a. O. (s. Anm. 87), S. 152.

159 Zur Kandidatenaufstellung in Österreich siehe: Peter Diem / Heinrich Neisser, Zeit zur Reform, Wien 1969, S. 23—26; Pelinka/Welan, a. a. O. (s. Anm. 83), S. 303—311; Heinz Fischer, Die parlamentarischen Fraktionen, in: Heinz Fischer (Hrsg.), Das politische System Österreichs, Wien 1974, S. 111 (120—125); Rudolf Wimmer, Zur innerparteilichen Demokratie der ÖVP, Österreichische Zeitschrift für Politikwissenschaft 1974, S. 25; § 33

zu den amerikanischen „primaries“ in manchen ihrer Elemente ohne einschneidende Eingriffe in das deutsche Parteien- und Wahlsystem übernommen werden. Besonderes Interesse verdienen dabei die von der ÖVP im September 1974 für die Landtagswahlen in der Steiermark veranstalteten Vorwahlen.

Grundlage dieser Vorwahlen waren in den steierischen Bezirken wie folgt aufgestellte Kandidatenlisten:

a) Zunächst gab die Landesparteileitung bekannt, wieviele Kandidaten jedem Hauptbezirk aufgrund des letzten Wahlergebnisses zustehen.
b) Der Vorstand der Hauptbezirksparteileitung beschloß danach aufgrund der Vorschläge der Teilorganisationen einen Wahlvorschlag für den außerordentlichen Hauptbezirksparteitag.
c) Auf dem Hauptbezirksparteitag stand jedem Delegierten ein weiteres Vorschlagsrecht zu.
d) Die Kandidatenliste wurde auf dem Hauptbezirksparteitag in geheimer Wahl beschlossen.
e) Die Liste wurde veröffentlicht und in allen Vorwahllokalen der Gemeinden des Bezirks ausgelegt.

Die steierische ÖVP führte somit ihre Vorwahlen in einer stark dezentralisierten Form durch. Basis der Vorwahlen waren nicht die 4 Wahlkreise in der Steiermark, sondern der politische Bezirk. Die Teilnehmer an der Vorwahl sollten auf diese Weise die Chance erhalten, Bewerber zu beurteilen, die ihnen auch tatsächlich bekannt waren.

---

des Bundesorganisationsstatuts der ÖVP i. d. F. vom 1. Dezember 1972; § 52 des Programms und Statuts der SPÖ; § 20 des Organisationsstatuts der FPÖ.

160 Zu den Vorwahlexperimenten der ÖVP siehe: Diem/Neisser, a. a. O. (s. Anm. 159), S. 28—31; Pelinka/Welan, a. a. O. (s. Anm. 83), S. 308—309; Kukacka, a. a. O. (s. Anm. 34), S. 46—55; Josef Ratzenböck, Technik und Praxis der Vorwahl, Österreichische Monatshefte 1973, S. 5—6; Henkel, a. a. O. (s. Anm. 28), S. 147—151; der Verfasser stützt sich ferner auf ihm freundlicherweise von Peter Diem beim Generalsekretariat der ÖVP zugänglich gemachte Unterlagen und Auswertungen der Vorwahlen im September 1974 für die Landtagswahl in der Steiermark und im Mai 1975 für die Nationalratswahl.

An den Vorwahlen der steierischen ÖVP konnten nicht nur die Mitglieder der ÖVP (und ihnen gleichgestellt die Mitglieder des Akademikerbundes sowie des Rentner- und Pensionistenbundes), sondern auch alle übrigen wahlberechtigten Steierer teilnehmen. Mitglieder der ÖVP und Nichtmitglieder wählten im selben Wahllokal in direkter und geheimer Wahl, aber auf verschiedenfarbenen Stimmzetteln. Die Vorwähler erhielten dabei das Recht,

a) unter den Kandidaten des Bezirks einen oder mehrere anzukreuzen, die sie für besonders geeignet hielten,
b) jeweils einen neuen Kandidaten ihrer Wahl aus den Bezirken hinzuzufügen.

Die steierische Volkspartei verpflichtete sich, das Ergebnis dieser Vorwahlen in jedem Bezirk durch eine eigene Wahlkommission feststellen zu lassen und zu veröffentlichen. Zudem sollte das Ergebnis der Vorwahlen nicht völlig unverbindlich sein. Die steierische Volkspartei erklärte daher,

a) daß jeder Bezirk mit jenem Drittel der Kandidaten, die bei der Vorwahl am besten abgeschnitten hatten, unter der ersten Hälfte der Kandidaten der endgültigen Wahlkreisliste vertreten sein sollte und
b) daß von den vier Kandidaten, deren Nominierung dem Parteipräsidium zusteht[161], zwei aus dem Kreis der von den Vorwahlteilnehmern neu Genannten genommen und ebenfalls unter die erste Hälfte der Kandidaten der endgültigen Wahlkreisliste gereiht werden sollten.

Die ÖVP hat auf Bundesebene im Mai 1975 für die im Herbst desselben Jahres stattfindende Wahl zum Nationalrat ebenfalls Vorwahlen durchgeführt, die sich im wesentlichen an dem bei den Landtagswahlen in der Steiermark erprobten Verfahren orientierten. Allerdings gingen nicht alle Landesparteileitungen eine ebenso weitgehende Selbstbindung ein wie die in der Steiermark. Nur dort vertraute die Landesparteileitung etwa 20 v. H. der bestgereihten Kandidaten direkt dem Vorwähler an. Die anderen Landesparteileitungen verpflichteten sich nur, „auf den durch die Vor-

[161] Siehe zu diesem sog. Bundespräzipuum bei der ÖVP und den entsprechenden sog. Parteinotwendigkeiten bei der SPÖ oben Anm. 133.

wahl zum Ausdruck gekommenen Willen der Parteimitglieder und Wähler bei der Erstellung und Reihung der Kreiswahlvorschläge Bedacht zu nehmen". Dennoch soll durch die Vorwahlen manche Politikerkarriere gefährdet worden sein[162].

Das von der ÖVP eingeschlagene Verfahren ist noch in zwei weiteren Punkten von Interesse. Zum einen enthielten die Stimmzettel mindestens eine Leerzeile, auf der die Vorwähler handschriftlich weitere Kandidaten eintragen konnten. Zum anderen war es den Vorwahlbewerbern untersagt, individuell durch Großwerbemittel wie Plakate, Inserate und Postwürfe auf sich aufmerksam zu machen. Es oblag vielmehr den Landesparteiorganisationen, die Bewerber vorzustellen. Es sollte auf diese Weise die Chancengleichheit unter den Bewerbern gewahrt werden.

Die Durchführung der Vorwahl ließ allerdings noch manche Mängel erkennen. So kam es zu einer mehrfachen Stimmabgabe besonders im Raum Wien, wo einige Wählergruppen die an Nichtmitglieder verteilten Postwurfexemplare eingesammelt und bündelweise zugunsten bestimmter Kandidaten abgegeben haben. Daran zeigt sich, daß eine politische Partei finanziell und organisatorisch kaum die Kraft haben wird, über ihren eigenen Mitgliederkreis hinaus alle Wähler in einer nicht zu beanstandenden Weise zu beteiligen.

Trotz der Fälle mehrfacher Stimmabgabe ist die Beteiligung an den Vorwahlen erstaunlich hoch gewesen. So haben sich 16 v. H. aller wahlberechtigten Bürger und sogar 63 v. H. der Parteimitglieder an diesem Experiment beteiligt. Dieses Ergebnis widerspricht allen Schätzungen, die bisher davon ausgingen, es seien allenfalls bis zu 30 v. H. der Mitglieder einer Partei aktivierbar[163]. Die steierische Volkspartei hat aufgrund der bisherigen Erfahrungen schon angekündigt, sie wolle das Vorwahlsystem für die Kandidatenaufstellung aller Parteien in der Steiermark durch Gesetz obligatorisch vorschreiben lassen[164].

Die Sozialistische Partei Österreichs (SPÖ) steht den parteiinternen Vorwahlen nach dem Muster der ÖVP bisher noch skep-

---

[162] Scheidl, a. a. O. (s. Anm. 50).
[163] Vgl. nur Scheib, Seminartagung (s. Anm. 28), S. 35.
[164] Wolfgang Oberleitner, „Der Vorwählerauftrag", in: Die Presse (Wien) v. 27. Mai 1975.

tisch gegenüber. So erklärte Kreisky Anfang 1974[165], er sei zwar grundsätzlich für die Durchführung von „primaries" in seiner Partei, halte sie aber nur dort für sinnvoll, wo die Leute sich kennten und sich daher nicht von Äußerlichkeiten wie dem telegenen Aussehen eines Bewerbers beeinflussen ließen. Primaries seien im wesentlichen nur ein Indikator für die Aktivität des erfolgreichen Bewerbers, räumten jedoch Sachkennern, die ein Parlament unter seinen Mitgliedern auch brauche, keine große Chance ein, wenn sie nicht so gut reden könnten und so gut aussähen, wie das der Wähler von einer Person des öffentlichen Lebens erwarte.

Eine gewisse Skepsis ist gegenüber den geschilderten Vorwahlexperimenten durchaus angebracht[166]. Es fehlt ihnen das für die „primaries" in den Vereinigten Staaten entscheidende Element der offen ausgetragenen innerparteilichen Konkurrenz. Zudem sind sie noch relativ unverbindlich. Denn selbst das Versprechen der steierischen Volkspartei, das erfolgreichste Drittel der Vorwahlbewerber unter die erste Hälfte der Kandidaten des endgültigen Kreiswahlvorschlages einzureihen, stellt noch nicht sicher, daß diese Bewerber auch tatsächlich einen aussichtsreichen Listenplatz erhalten, da die österreichischen Parteien aufgrund der Vorschriften zur Wahl des Nationalrats doppelt so viele Kandidaten auf die Wahlkreisliste setzen können, als insgesamt Mandate in diesem Wahlkreis zu vergeben sind[167].

Dennoch hat sich die SPÖ auf ihrem 23. Bundesparteitag am 11. März 1976 veranlaßt gesehen, über eine Reform der Parteiorganisation und besonders einer Öffnung der Partei für Nichtmitglieder nachzudenken[168]. Die hohe Beteiligung an den Vorwahlen der ÖVP ermutigt dazu, auch für die Bundesrepublik nach Wegen einer verstärkten Einflußmöglichkeit der Parteimitglieder und der Wähler insgesamt auf die Kandidatenauswahl zu suchen.

---

[165] Bruno Kreisky, Interview zu Fragen der innerparteilichen Demokratie, Österreichische Zeitschrift für Politikwissenschaft 1974, S. 5 (8—9).
[166] Vgl. Pelinka/Welan, a. a. O. (s. Anm. 83), S. 309.
[167] Vgl. Fischer, a. a. O. (s. Anm. 159), S. 120.
[168] Ko., SPÖ will sich für Nichtmitglieder öffnen. Gegen Selbstgefälligkeit der Funktionäre, in: Frankfurter Allgemeine v. 11. März 1976.

4. Parteiinterne Kandidatenvorbeurteilung der CDU in Rheinland-Pfalz

Ein den Vorwahlexperimenten der ÖVP vergleichbares Verfahren haben Teile der CDU in Rheinland-Pfalz durchgeführt. Sie haben dort bei Landtagswahlen in zwei Wahlkreisen ein allerdings nur parteiinternes Verfahren der Kandidatenvorbeurteilung erprobt[169]. Unter den beiden unterschiedlich ausgestalteten Verfahren verdient das vom Bezirksverband Trier entwickelte Modell besonderes Augenmerk. Es vollzog sich in zwei Phasen. Zunächst wurden alle Mitglieder des Bezirksverbandes in einer Umfrage aufgefordert, mindestens zwei und höchstens vier Parteimitglieder als Landtagskandidaten vorzuschlagen. An dieser Umfrage beteiligten sich fast 25 v. H. der Parteimitglieder.

Die so vorgeschlagenen Kandidaten wurden danach aufgefordert, sich in den Mitgliederversammlungen der Kreisverbände vorzustellen, soweit sie zur Kandidatur bereit waren. Danach wurde eine Liste mit den zur Kandidatur bereiten Bewerbern mit einigen Angaben zur Person an die Mitglieder versandt. Aus dieser Liste konnten die Mitglieder mindestens fünf und höchstens 10 der aufgeführten Personen anstreichen. Auf dieser zweiten Stufe beteiligten sich über 45 v. H. der Parteimitglieder.

Auch bei diesem Experiment fällt die hohe Beteiligung der Parteimitglieder auf. Ein entscheidender Einfluß der Mitgliederbefragung auf die endgültige Liste ist allerdings nicht oder kaum feststellbar. Aus der Mitgliederbefragung gingen vielmehr weithin nur solche Personen hervor, die ohnehin als Kandidaten auf die Liste gelangt wären[170]. Es ließe sich daher gegen das Verfahren im Bezirksverband Trier einwenden, die Spitzenleute innerhalb der Partei seien dadurch nur noch bekannter geworden und könn-

---

[169] Peter Haungs, Mitgliederbefragung zur Kandidatenaufstellung. Das Experiment des CDU-Bezirksverbandes Rheinhessen/Pfalz, ZParl 1970, S. 403 bis 417; ders., Das bei den rheinland-pfälzischen Landtagswahlen praktizierte Vorwahlverfahren und seine Übertragbarkeit auf die Wahlen zum Bundestag, in: Seminartagung (s. Anm. 28), S. 121—139; Rüdiger Andel, Das Vorwahlverfahren zur Landtags-Kandidatenaufstellung der CDU im rheinland-pfälzischen Wahlkreis III (Regierungsbezirk Trier), ZParl 1971, S. 444—448.

[170] Haungs, Seminartagung (s. Anm. 28), S. 128, 132/133 und 175.

ten sich gegenüber ihren Konkurrenten noch stärker durchsetzen; das widerspreche dem mit Vorwahlen verknüpften Ziel, auch noch nicht „etablierten" oder weniger bekannten Bewerbern eine Chance zu geben[171]. Dieser Kritik ließe sich aber entgegenhalten, daß das Ergebnis der Mitgliederbefragung der beste Beweis dafür sei, wie die Parteispitze sich schon von selbst an den Wünschen der Mitglieder orientiere und somit die Kluft zwischen dem einfachen Parteimitglied und der Parteispitze nicht so groß sei, wie es häufig behauptet werde[172]. Trotz der Belebung der innerparteilichen Kandidatenaufstellung spricht gegen das geschilderte Verfahren der Mitgliederbefragung letztlich sein unverbindlicher Charakter. Im Rahmen des geltenden Rechts konnte dies nicht anders sein. Solche unverbindlichen Umfrageverfahren lassen aber leicht den Eindruck aufkommen, als ob es sich nur um einen aufwendigen Popularitätstest handele, der besser durch ein Meinungsforschungsinstitut durchgeführt werden könnte[173].

5. Urwahl der Kandidaten in einer Mitgliederversammlung

Die Vorwahlexperimente der ÖVP haben gezeigt, daß es für eine Partei ohne Hilfe der staatlichen Wahlorgane nicht möglich ist, an ihren Vorwahlen alle wahlberechtigten Bürger in einwandfreier Weise teilnehmen zu lassen. Daher werden die „primaries" in den Vereinigten Staaten auch als Bestandteil des amtlichen Wahlverfahrens unter Aufsicht der Wahlämter und auf öffentliche Kosten durchgeführt. Dagegen sprechen jedoch die Konsequenzen für die Parteienautonomie und den Grundsatz der geheimen Wahl[174]. Vor allem im Hinblick auf die Parteienstruktur der Bundesrepublik sollten Versuche einer Erweiterung der Basis für die Kandidatenaufstellung auf die Parteimitglieder beschränkt bleiben. Die Wähler insgesamt sollten erst im Wahlakt selbst Einfluß auf die Erfolgschancen der von den Parteien vorgeschlagenen Kandidaten erhalten[175]. Im Unterschied zu den Experimenten der

---

[171] Dübber, Seminartagung (s. Anm. 28), S. 168 ff.

[172] Lenz, Seminartagung (s. Anm. 28), S. 167.

[173] Dagegen Haungs, Seminartagung (s. Anm. 28), S. 163.

[174] Vgl. Protokoll Nr. 10 der Unterkommission II „Parlament und Regierung" der Enquete-Kommission Verfassungsreform des Deutschen Bundestages v. 11. Oktober 1974, S. 7.

[175] Dazu unten S. 67 ff.

ÖVP und Teilen der CDU in Rheinland-Pfalz gilt es aber, für die parteiinterne Kandidatenaufstellung Verfahren zu suchen, die mit einem verbindlichen Votum der Parteimitglieder enden.

Es könnte sich insoweit empfehlen, die in § 21 Abs. 1 BWahlG alternativ zugelassene unmittelbare Wahl der Bewerber in einer Mitgliederversammlung zwingend vorzuschreiben, um so den Einfluß der Parteimitglieder zu stärken. Von dieser Alternative machte bisher in der Regel allein die FDP bei der Aufstellung ihrer Wahlkreisbewerber Gebrauch, abgesehen von wenigen Ausnahmen bei der CDU für die Wahl zum 7. und 8. Deutschen Bundestag[176]. Im Ausland findet sich eine solche Urwahl der Kandidaten bei der Sozialistischen Partei Frankreichs[177] sowie der niederländischen „Partei der Arbeit"[178]. In Großbritannien hat es sie gelegentlich bei den Konservativen in dem einen oder anderen Wahlkreis gegeben[179]. Aber auch dort scheint das Unbehagen an dem geringen Einfluß der Parteimitglieder zu wachsen. Es schlägt sich nieder in dem entwaffnenden Slogan: „We elect the member — why not choose the candidate?"[180]. Es wurde daher innerhalb der Labour Party vorgeschlagen, die Aufstellung der Wahlkreiskandidaten in für alle Parteimitglieder offenen Versammlungen im Wahlkreis vorzunehmen[181].

Eine solche Urwahl bedeutet für die Bewerber eine erste Bewährungsprobe und zeichnet sich besonders durch den unmittelbaren Kontakt zwischen den Bewerbern und den Parteimitgliedern des Wahlkreises aus. Sie wird aber bei dem zweigleisigen Wahlsystem der Bundesrepublik allein bei der Auswahl von Wahl-

---

176 S. oben S. 37.

177 Artikel 18 des Statuts der Sozialistischen Partei, abgedruckt bei Duverger, a. a. O. (s. Anm. 103), S. 361; Schröder, a. a. O. (s. Anm. 103), S. 129; Kempf, a. a. O. (s. Anm. 103), S. 33—34.

178 Bericht der Botschaft der Bundesrepublik in Den Haag über die Kandidatenaufstellung in den Niederlanden, Drs. Nr. 122 der Enquete-Kommission Verfassungsreform des Deutschen Bundestages v. 9. Dezember 1974.

179 Ranney, a. a. O. (s. Anm. 157), S. 62—65 nennt für die Zeit von 1949 bis 1965 nur drei Beispiele.

180 Vgl. Peter Patterson, The Selectorate, London 1967, der sich eingehend mit der Frage nach Vorwahlen für Großbritannien beschäftigt.

181 Oliver Stutchbury, The Labour Party: an organisation study, hrsg. von Inigo Bing, Fabian Tract Nr. 407, Juni 1971.

kreisbewerbern und zudem nur in städtischen Wahlkreisen in geeigneter Form zu organisieren sein. Es wird sich häufig nicht einmal eine geeignete Halle finden lassen. Auch werden in Flächenwahlkreisen viele Parteimitglieder die weite Fahrt zum Versammlungsort scheuen. Die am Ort oder in seiner Nähe ansässigen Mitglieder erhielten dadurch einen unverhältnismäßig großen Einfluß auf die Kandidatenauswahl. Es kommt hinzu, daß sich vor einem so großen Teilnehmerkreis kaum eine echte Diskussion mit den Bewerbern wird führen lassen und zufällige emotionale Einflüsse leicht das Übergewicht erhalten könnten. Michels spricht insoweit von einem „Gesetz der Verminderung des Verantwortungsgefühls" auf Volksversammlungen[182] und schildert eindrücklich den Einfluß von Redegabe, Körperschönheit, Energie, Berühmtheit und Alter als Grundlage des Führertums selbst in den demokratischen Parteien[183]. Es ist daher nicht auszuschließen, daß bei Urwahlen z. B. „Blender" und „Eintagsfliegen" in langer Parteiarbeit bewährte Bewerber verdrängen könnten. Die unmittelbare Wahl der Bewerber in einer Mitgliederversammlung sollte daher nach allem auch für die Direktkandidaten zwar weiterhin eine zulässige, aber nicht zwingend vorgeschriebene Form der Kandidatenaufstellung bleiben.

6. *Parteiinterne Briefwahl*

a) Grundsätzliches

Ist die Urwahl in einer Mitgliederversammlung nicht unproblematisch, so könnte sich doch eine unmittelbare Wahl der Kandidaten durch die Parteimitglieder in Form einer Briefwahl empfehlen. Solche Briefwahlen würden die Teilname an der Kandidatenaufstellung erleichtern und könnten ein geeignetes Mittel sein, um die „schweigende Mehrheit" der Parteimitglieder zu mobilisieren. Als Beispiel für solche Briefwahlen könnten die Sozialwahlen dienen und einige wertvolle Hinweise organisatorischer Natur geben[184].

---

182 Michels, a. a. O. (s. Anm. 5), S. 28 ff.
183 Michels, a. a. O. (s. Anm. 5), S. 65 ff.
184 Scheib, Seminartagung (s. Anm. 28), S. 195.

Briefwahlen besonderer Art gab und gibt es auch in den Niederlanden[185]. So soll die sozialdemokratische „Partei der Arbeit" bis zum Jahre 1969 ein sog. Referendum praktiziert haben[186]. Danach wurde die auf einer Mitgliederversammlung beschlossene Kandidatenliste an sämtliche Mitglieder mit der Bitte um schriftliche Stellungnahme versandt. Die meisten Mitglieder schickten die Liste jedoch mit dem Zusatz „einverstanden" zurück. Das „Referendum" wurde daher wieder abgeschafft[187]. Bei der „Partei der Arbeit" gibt es im Verfahren der Kandidatenaufstellung wie bei den meisten niederländischen Parteien allerdings noch eine schriftlich durchgeführte Vorstufe. Danach sind alle Parteimitglieder berechtigt, innerhalb einer bestimmten Frist Kandidatenvorschläge einzureichen. Als Ergebnis dieser Vorschläge wird vom Vorstand eine „Gros-Liste" zusammengestellt, über die dann auf einer Mitglieder- oder Delegiertenversammlung endgültig entschieden wird. Die aufgrund der schriftlichen Vorschläge erstellten „Gros-Listen" dienen also nur als unverbindliche Orientierungshilfen[188] und sind daher dem von Teilen der CDU in Rheinland-Pfalz durchgeführten Kandidatenvorbeurteilungsverfahren[189] vergleichbar.

Im Unterschied zu den in den Niederlanden zu findenden Verfahren ist hier jedoch an die Einführung einer parteiinternen Briefwahl gedacht, die einen verbindlichen Charakter besitzt und auch nicht wie das frühere „Referendum" der „Partei der Arbeit" im wesentlichen nur zu einer Akklamation der vom Vorstand vorgelegten Kandidatenliste führt. Eine solche Briefwahl wird allerdings mit einigen Gefahren und Problemen verbunden sein. So ist bereits bei der Wahl zum Bundestag ein Mißbrauch mit dem Briefwahlrecht durch „unlauteren Wettbewerb" der Parteien in

---

185 Siehe Wahlrechtskommission (s. Anm. 3), S. 114.

186 Bericht der Botschaft (s. Anm. 178).

187 Schon Michels konstatierte die geringe Beteiligung an diesen Referenden, a. a. O. (s. Anm. 5), S. 318.

188 Siehe Georg Geismann, Politische Struktur und Regierungssystem in den Niederlanden, 1964, S. 39; Bericht der Botschaft (s. Anm. 178); Peters, a. a. O. (s. Anm. 156), S. 354/355, der dieses Verfahren allerdings irreführend als Vorwahl bezeichnet mit den dann bei Zeuner, Kandidatenaufstellung (s. Anm. 30), S. 234 und Fabritius, a. a. O. (s. Anm. 151), S. 573 sichtbaren Folgen.

189 S. oben S. 50—51.

Altersheimen und Krankenhäusern zu beobachten. Entsprechend könnten bei parteiinternen Briefwahlen die Bewerber oder ihre Befürworter von Haus zu Haus gehen und die Parteimitglieder in unlauterer Weise bei der Abgabe ihrer Stimme zu beeinflussen versuchen. Auch ist eine Manipulation beim Versand, Empfang und Auszählen der Stimmzettel mit der Gefahr von Wahlanfechtungen nicht auszuschließen. Es ist darüber hinaus kaum vorauszusehen, wessen Einfluß durch die Einführung parteiinterner Briefwahlen wachsen wird[190].

Es ist durchaus möglich, daß anstelle regionaler Parteioligarchien nunmehr finanzstarke Verbände oder andere Geldgeber verstärkten Einfluß auf die Kandidatenauswahl erlangen. Es ist auch möglich, daß parteiinterne Briefwahlen nur der Parteispitze zugute kommen[191] und statt eines frischen Luftzuges durch die Wahl von noch nicht etablierten Bewerbern nur die Position derer, die bereits an der Macht sind, noch weiter gestärkt wird. Es ist zudem nicht auszuschließen, daß sich solche Briefwahlen unverhältnismäßig zu Lasten von Minderheiten oder von Mehrheiten, die wie die Frauen nicht ausreichend organisiert sind, auswirken können[192]. Ferner könnte sich der Einfluß von Verbänden und anderen Gruppen durch Rundschreiben und sonstige Werbemittel desintegrierend auf die Partei auswirken. Es wird auch nicht immer einfach sein, mehrere ernsthafte Bewerber für eine Vorwahlkandidatur zu gewinnen. Endlich könnte der Vorschlag, parteiinterne Briefwahlen einzuführen, als bedauerlicher Schritt auf dem Wege zu einer „Schreibtischdemokratie“ beurteilt werden[193]. Dieser Hinweis gibt zu bedenken, daß die Mitgliederversammlungen traditionell eine der wesentlichen Ausdrucksformen des Parteilebens an der Basis verkörpern und bei einer Kandidatenaufstellung per Briefwahl sich noch weiter entleeren könnten. Andererseits ist nicht zu übersehen, daß zahlreiche Parteimitglieder aus zwingenden oder

---

190 Jürgen W. Falter, Zur demokratischen Funktion von Vorwahlen, in: Seminartagung (s. Anm. 28), S. 90 (104).

191 Scharpf, Protokoll Nr. 12/44 der Enquete-Kommission Verfassungsreform des Deutschen Bundestages v. 13./14. Dezember 1974; vgl. auch Michels, a. a. O. (s. Anm. 5), S. 174—179.

192 Dübber, Seminartagung (s. Anm. 28), S. 172.

193 Scheib, Seminartagung (s. Anm. 28), S. 207.

doch verständlichen beruflichen oder familiären Gründen gerade am Tage der Kandidatenaufstellung verhindert sind, deren Mitgliedschaftsrechte durch die Briefwahl gewährleistet werden könnten. Zudem wird die zentrale Funktion der Mitgliederversammlung dann erhalten bleiben, wenn die bei der Briefwahl versandte Kandidatenliste in der Mitgliederversammlung vordiskutiert und beschlossen wird. Wer Einfluß auf die Aufstellung der Kandidatenliste nehmen und sich eine Urteilsgrundlage für seine spätere Stimmabgabe verschaffen möchte, wird also auch im Falle einer parteiinternen Briefwahl an der vorausgehenden Mitgliederversammlung teilnehmen, soweit ihm dies möglich ist.

Die geschilderten kaum abwägbaren Bedenken sollten insgesamt nicht zu hoch bewertet werden, wenn es darum geht, durch die Einführung der Briefwahl allen Parteimitgliedern die Teilnahme an der Kandidatenaufstellung zu erleichtern oder sogar erst zu ermöglichen. Der Briefwahl sollte jedoch wie bisher eine Diskussion mit den Bewerbern in den Mitgliederversammlungen vorausgehen. Auch sollte die Kandidatenliste für die Briefwahl in den Mitgliederversammlungen zusammengestellt und beschlossen werden. Es wäre schließlich sicherzustellen, daß alle wahlberechtigten Parteimitglieder ausreichend über die Bewerber und die für die Aufstellung der Kandidatenliste maßgeblichen Gründe unterrichtet werden, damit sie die für die Stimmabgabe nötige Urteilsgrundlage besitzen. Ein solches zweistufiges Verfahren könnte letztlich die Kandidatenaufstellung sogar für alle Beteiligten durchsichtiger und rationaler gestalten als die bisherige Praxis. Es bedürfte dazu jedoch einer Änderung des Bundeswahlgesetzes, da § 21 Abs. 1 BWahlG die Aufstellung der Kandidaten „in" einer Versammlung vorschreibt und damit de lege lata die parteiinterne Briefwahl ausschließt[194]. Das Briefwahlverfahren sollte jedoch nur als eine weitere Alternative den bisher schon zulässigen Verfahren der Kandidatenaufstellung hinzugefügt werden, da seine Anwendung allein dann und dort sinnvoll sein dürfte, wo sich mehrere ernsthafte, miteinander konkurrierende Bewerber innerhalb der Partei abzeichnen.

---

[194] S. oben S. 35/36.

b) Briefwahl der Wahlkreisbewerber

Das Verfahren der parteiinternen Briefwahl bietet sich in erster Linie für die Aufstellung der Wahlkreisbewerber an. Es sind insoweit mehrere Modelle denkbar[195], von denen hier drei vorgestellt seien:

(1) Der in einer Versammlung der wahlberechtigten Mitglieder der Partei im Wahlkreis gewählte Bewerber bedarf der Bestätigung durch eine Urwahl der Parteimitglieder in Form der Briefwahl.

(2) Die Auswahl der Delegierten für die Vertreterversammlung erfolgt in Form der Briefwahl. Der in der Vertreterversammlung gewählte Wahlkreisbewerber bedarf der Bestätigung durch eine Briefwahl der Parteimitglieder im Wahlkreis.

(3) In einer Versammlung der wahlberechtigten Parteimitglieder im Wahlkreis oder in den Versammlungen der örtlichen Parteigliederungen im Wahlkreis wird eine Kandidatenliste mit höchstens drei bis fünf Bewerbern für den Kreiswahlvorschlag der Partei zusammengestellt und beschlossen. Die wahlberechtigten Mitglieder der Partei im Wahlkreis stimmen über diese Kandidatenliste im Wege der Briefwahl ab. Wer die relative Mehrheit erhält, ist im Kreiswahlvorschlag seiner Partei zu benennen.

Die beiden zuerst dargestellten Modelle sind nicht zu empfehlen, da sie den Parteimitgliedern keinen wesentlich stärkeren Einfluß auf die Kandidatenaufstellung einräumen. Zwar werden sich die zuständigen Parteigremien bei der Auswahl des Wahlkreisbewerbers besonders bewußt sein müssen, daß ihr Kandidat noch der Bestätigung durch alle Parteimitglieder bedarf. Diese Bestätigung könnte aber häufig nur den Charakter einer Akklamation annehmen, da in der Briefwahl nur noch *ein* Bewerber dem Votum der Parteimitglieder unterworfen wird. Zudem birgt dieses Verfahren die Gefahr in sich, daß der ganze Prozeß der Kandidatenaufstellung noch einmal wiederholt werden muß, wenn der zunächst vorgeschlagene Kandidat nicht bestätigt wird. Dadurch er-

---

[195] Siehe die Formulierungsvorschläge von Ernst-Wolfgang Böckenförde, Drs. Nr. 127 der Enquete-Kommission Verfassungsreform des Deutschen Bundestages v. 16. Januar 1975 sowie deren Erörterung in der 13. Sitzung der Enquete-Kommission am 17./18. Januar 1975, Protokoll Nr. 13/50—68.

höhte sich der Zeit- und Kostenfaktor erheblich. Bei einer Auflösung des Bundestages wäre auch fraglich, ob die von Artikel 39 Abs. 1 Satz 2 GG vorgeschriebene Frist von 60 Tagen zwischen Auflösung und Neuwahl eingehalten werden könnte.

Das zuletzt genannte Modell sieht ein Verfahren in zwei Stufen vor. Auf der ersten Stufe ginge es darum, die Kandidaten auszuwählen, über die dann auf der zweiten Stufe im Wege der Briefwahl zu entscheiden wäre[195a]. Die erste Stufe sollte sich auf der Ebene der örtlichen Mitgliederversammlungen abspielen. Es wäre zunächst ein Stichtag festzusetzen, bis zu dem Kandidatenvorschläge eingebracht werden können. Solche Kandidatenvorschläge sollten nicht nur von den Vorständen, sondern auch von einzelnen Parteimitgliedern gemacht werden können, wobei allerdings ein bestimmtes Quorum eingeführt werden sollte. Mit der Einladung zu der örtlichen Mitgliederversammlung sollte eine Liste mit den aus sämtlichen Ortsvereinen vorgeschlagenen Kandidaten übersandt werden. Die so vorgeschlagenen Kandidaten sollten sich auf den Versammlungen der örtlichen Parteigliederungen vorstellen und befragt werden dürfen. Nach einer Personal- und Sachdebatte wäre dann über sie in der Weise abzustimmen, daß die wahlberechtigten Mitglieder mindestens zwei und höchstens fünf Bewerber anzukreuzen hätten. Die ersten zwei bis höchstens fünf Bewerber wären dann einer schriftlichen Urwahl der wahlberechtigten Parteimitglieder im Wahlkreis zu unterwerfen. Durch dieses Verfahren der Zusammenstellung der Liste wäre gewährleistet, daß auch solche Bewerber an der Briefwahl teilnehmen könnten, die in der Mitgliederversammlung nur die Unterstützung durch eine (qualifizierte) Minderheit gefunden haben. Das geschilderte zweistufige Verfahren des Modells (3) stellt sicher, daß die Mitgliederversammlung eine wesentliche Funktion bei der Kandidatenaufstellung behält. Es zeichnet sich zugleich dadurch aus, daß sich die Briefwahl nicht wie bei den ersten beiden Modellen in der Bestätigung eines einzigen Kandidaten erschöpft. Die Aufstellung der Wahlkreisbewerber würde dadurch insgesamt auf eine breitere Basis innerhalb der Partei gestellt, auch wenn im Detail dieses Vorschlags noch einige Probleme stecken.

[195a] Vgl. den ähnlichen Vorschlag Wolfrums, a. a. O. (s. Anm. 151), S. 196 f.

So wäre besonders zu bedenken, ob sich an den ersten Wahlgang dann ein zweiter anschließen sollte, wenn keiner der Kandidaten die absolute Mehrheit erhalten hat[196]. Für einen solchen zweiten Wahlgang könnte sprechen, daß sich dadurch eine klarere Mehrheit für den zu nominierenden Bewerber erreichen ließe. Insofern würde sich für den zweiten Wahlgang eine Stichwahl zwischen den beiden erfolgreichsten Kandidaten des ersten Wahlgangs empfehlen. Gegen eine solche Briefwahl mit möglicherweise zwei Wahlgängen sind jedoch der Zeit- und Kostenfaktor anzuführen. Ferner wird die Stichwahl häufig doch nur den Kandidaten bestätigen, der bereits im ersten Wahlgang mit der relativen Mehrheit an der Spitze lag[197]. Es sollte somit als für den Kreiswahlvorschlag gewählt gelten, wer im ersten und einzigen Wahlgang die relative Mehrheit der abgegebenen Stimmen gewonnen hat. Durch eine Begrenzung der Zahl der Briefwahlkandidaten auf höchstens drei könnte zudem erreicht werden, daß sich die Stimmen nicht zu sehr zersplittern und der mit der relativen Mehrheit gewählte Kandidat doch eine ausreichende parteiinterne Legitimationsbasis vorzeigen kann.

Es bleibt weiter zu erörtern, ob bestimmte Regeln für den Wahlkampf der Bewerber untereinander aufgestellt werden sollten, um besonders den Einfluß von Verbänden oder anderen finanzkräftigen Gruppen einzudämmen. Es könnte insoweit der von der Labour Party im Wahlkreis Abingdon im Jahre 1971/1972 entwickelte Gedanke hilfreich sein[198], wonach sich die Bewerber schriftlich verpflichten sollten, ihre Ausgaben für Propagandazwecke und ihre sonstigen Unkosten auf einen bestimmten Betrag zu begrenzen[199]. Ferner war dort um der Chancengleichheit der Bewerber willen geplant, ihren Kontakt zur örtlichen Presse allein

---

[196] So der Alternativvorschlag von Dürig/Ellwein/Scheuch, a. a. O. (s. Anm. 150), S. 64.

[197] So Cohen, a. a. O. (s. Anm. 151), S. 528 Anm. 133.

[198] Zu diesem letztlich am Einspruch der Labour-Parteizentrale gescheiterten Versuch einer geschlossenen Vorwahl in Großbritannien siehe Roland Newmann / Shelley Cranshaw, Towards a closed primary election in Britain, The Political Quarterly, Vol. 44/1973, S. 447, 449—452.

[199] Allgemein zu den Wahlausgaben, ihrer gesetzlichen Beschränkung und öffentlichen Kontrolle in Großbritannien siehe Kunze, a. a. O. (s. Anm. 157), S. 87 ff.

über ein Auswahlkomitee der Wahlkreispartei zu vermitteln. Die Parteimitglieder sollten durch die Partei selbst gründlich über die persönlichen Daten der Bewerber und ihr Programm unterrichtet werden. So problematisch es mit Rücksicht auf Art. 5 Abs. 1 GG erschiene, den Zugang zur Presse nur über ein Wahlkomitee der Partei zuzulassen, so sehr ist doch eine Begrenzung in den Ausgaben zu empfehlen. Die Parteimitglieder sollten ferner von der Partei aus über die persönlichen Daten und politischen Ziele der Bewerber informiert werden, wie dies auch im Rahmen der Vorwahlen der Österreichischen Volkspartei geschehen ist. Diese Information könnte zusammen mit dem Stimmzettel an die Parteimitglieder geschickt werden.

Gegen jegliche Maßnahme zur Gewährleistung der Chancengleichheit der Bewerber könnte eingewandt werden, es werde dadurch die persönliche Initiative und das persönliche Geschick der Bewerber eingeschränkt. Sie könnten nicht ihr Organisationstalent unter Beweis stellen durch die Art und Weise, wie sie es verstehen, sich in der Presse zu präsentieren, finanzielle Mittel für ihren Wahlkampf zu gewinnen und anderes mehr. Sicher ist Organisationstalent auch eine Eigenschaft, die für die parlamentarische Tätigkeit wichtig ist. Sie ist aber nicht so hoch einzuschätzen, daß nicht doch gewisse Einschränkungen für den „Vorwahlkampf“ im Sinne der Chancengleichheit der Bewerber gerechtfertigt wären.

c) Briefwahl der Listenbewerber

Entsprechend der Aufstellung der Wahlkreisbewerber könnte im Wege eines Briefwahlverfahrens der Einfluß der Parteimitglieder auch auf die Aufstellung der Landesliste verstärkt werden. Es sind insoweit wiederum zahlreiche Modelle denkbar, von denen hier vier vorgestellt werden sollen:

(1) Die Vorschläge für die Landesliste könnten wie bisher von den Landesvorständen oder entsprechenden Parteigremien zusammengestellt und von der Landesdelegiertenkonferenz oder dem Landesparteitag verabschiedet werden. Im Rahmen dieses Verfahrens könnte aber den örtlichen Parteigliederungen die Gelegenheit eingeräumt werden, Präferenzen für bestimmte Bewerber zum Ausdruck zu bringen. Diese Kundgabe könnte sich auf die Vorauswahl der Bewerber durch die Landesvorstände und/oder die

endgültige Nominierung durch die Landesdelegiertenkonferenz beziehen[200]. Sie könnte auch in Form einer Briefwahl durch die wahlberechtigten Parteimitglieder im Listengebiet erfolgen. Es wäre dann mit dem Stimmzettel für die Wahl eines Wahlkreisbewerbers zugleich der vom Landesvorstand erarbeitete Vorschlag für die Landesliste zuzuschicken, auf dem die Parteimitglieder eine bestimmte Anzahl ihnen besonders genehmer Bewerber ankreuzen könnten. Das Ergebnis dieser schriftlichen Umfrage könnte dann der Delegiertenkonferenz oder dem Landesparteitag als Entscheidungshilfe dienen.

(2) Vom Landesvorstand vorgeschlagene Bewerber könnten sich im ganzen Land in örtlichen Mitgliederversammlungen vorstellen. Danach könnten alle Parteimitglieder in den örtlichen Mitgliederversammlungen oder in Form der Briefwahl über diese Bewerber befinden. Dem einzelnen Parteimitglied könnten dabei so viele Stimmen zustehen, wie Listenplätze zu vergeben sind. Diese Stimmen könnten auch kumuliert werden. Der endgültige Platz der Bewerber auf der Liste würde sich nach der Anzahl der auf ihn entfallenden Stimmen berechnen[201].

(3) Die Bewerber für die Landesliste könnten vom Landesvorstand zusammengestellt und auf die einzelnen Bezirke im Listengebiet aufgeteilt werden. Sie könnten auch an Stelle des Landesvorstandes von den Bezirksvorständen ausgewählt werden. Die so vorgeschlagenen Bewerber würden dann den „Vorwahlkampf" nur innerhalb ihres Bezirks durchführen. Die Anzahl der Stimmen der im Bezirk wahlberechtigten Parteimitglieder wäre nach der Zahl der Sitze festzulegen, die dem Bezirk gemessen an seinem Anteil an Parteimitgliedern oder an der dort für die Partei bei der letzten Wahl abgegebenen Stimmenzahl zustehen. Der Listenplatz der Bewerber könnte sich nach dem in der Briefwahl erreichten Stimmenanteil im Bezirk berechnen. Es bedürfte insoweit allerdings noch

[200] Siehe die Formulierungsvorschläge von Böckenförde, a. a. O. (s. Anm. 195), S. 4—6 sowie deren Erörterung in der Enquete-Kommission Verfassungsreform, a. a. O. (s. Anm. 195), Protokoll Nr. 13/68—73.

[201] Siehe im einzelnen Cohen, a. a. O. (s. Anm. 151), S. 533—536; vgl. auch Wolfrum, a. a. O. (s. Anm. 151), S. 198—200, der aber die Bewerber für die parteiinterne Briefwahl nicht wie Cohen vom Landesvorstand, sondern einer Delegiertenversammlung vorgeschlagen sehen möchte.

eines besonderen Schlüssels, der die unterschiedliche Größe der Bezirke bei der Festlegung der Reihenfolge der erfolgreichen Bewerber auf der Landesliste berücksichtigte[202].

(4) Die Briefwahl der Wahlkreis- und der Listenbewerber wird in einem einzigen Verfahren durchgeführt. Danach wählen die im Wahlkreis wahlberechtigten Parteimitglieder in dem für die Aufstellung der Wahlkreisbewerber vorgeschlagenen Briefwahlverfahren je zwei Bewerber. Der Bewerber mit dem höchsten Stimmenanteil ist der Wahlkreisbewerber seiner Partei und zugleich auf der Liste aufzuführen. Der Bewerber mit der zweithöchsten Stimmenzahl erhält ebenfalls einen Listenplatz. Die Reihenfolge auf der Liste könnte dann von einer Landesdelegiertenkonferenz nach einem noch näher zu regelnden Verfahren festgelegt werden. Es könnte insoweit vorgeschrieben werden, daß die als Wahlkreisbewerber aufgestellten Kandidaten insgesamt auf der Liste vor den Bewerbern aufzuführen sind, die in den Wahlkreisen nur den zweithöchsten Stimmenanteil gewonnen haben.

Die aufgezeigten vier Modelle könnten in unterschiedlichem Maße den Einfluß der Parteibasis auf die Zusammensetzung der Landesliste verstärken. Sie würden auch verhindern, daß bei der Aufstellung der Wahlkreisbewerber unterlegene Kandidaten entgegen dem damit von den Parteimitgliedern zum Ausdruck gebrachten Willen möglicherweise über die Landesliste der Partei doch in das Parlament einziehen könnten[203]. Alle Modelle stellten aber die Parteien vor erhebliche Probleme. So werden die Modelle (2) und (3) auf schwere organisatorische Hindernisse stoßen. Auch sind die bei Modell (3) erforderlichen Berechnungen zu kompliziert und wenig durchsichtig. Gegen Modell (1) wie auch (2) spricht die meist nur fragmentarische Personalkenntnis der Parteimitglieder, deren Stimmabgabe daher häufig von rein zufälligen Umständen abhängig sein dürfte. Um dies zu vermeiden, müßte die Briefwahl entsprechend dem Modell (3) in dezentralisierter Form durch-

---

[202] Cohen, a. a. O. (s. Anm. 151), S. 534.

[203] Vgl. Friedrich Scheu, Wie reformiert man die Demokratie?, Die Zukunft (Wien) 1969, H. 13/14, S. 40—41, der zutreffend darauf hinweist, daß es dem einzelnen nicht nur darauf ankommt, von ihm bevorzugte Kandidaten zu unterstützen, sondern ebensosehr darauf, ihm nicht genehmen Bewerbern den Einzug in das Parlament zu versperren.

geführt werden. Selbst dann wird es nicht einfach sein, in den großen Bundesländern wie Nordrhein-Westfalen oder Bayern einen übersichtlichen Stimmzettel zu erreichen. Es sei nur darauf hingewiesen, daß die ÖVP dieses Problem für den Wahlkreis Wien, in dem 39 Mandate zu vergeben und daher 78 Bewerber vorzuschlagen sind, bei ihrem Vorwahlexperiment im Mai 1975 nicht in zufriedenstellender Weise hat lösen können. Gegen das Modell (1) spricht schließlich noch der unverbindliche Charakter der Beteiligung der Parteimitglieder. Damit scheint sich das Modell (4) vom Organisatorischen wie von der Intensität der Einflußmöglichkeit durch die Parteibasis als optimal herauszustellen. Gegen dieses Modell könnte jedoch einzuwenden sein, daß es den Einfluß der Parteispitze auf die Zusammensetzung der Landesliste zu sehr zurückdränge. Es ist damit die grundlegende Frage nach der Funktion von Landeslisten angesprochen[204].

Aufgrund der Landeslisten werden in dem personalisierten zweigleisigen Verhältniswahlsystem des Bundeswahlgesetzes diejenigen Parlamentssitze vergeben, die der Partei nach dem d'Hondtschen Höchstzahlverfahren insgesamt zustehen, aber nach dem Ergebnis der Direktwahl in den Wahlkreisen noch unbesetzt geblieben sind. Die Landeslisten der Parteien dienten bisher dazu, den Wählern ein ausgeglichenes repräsentatives Bewerberangebot machen zu können[205]. Die Parteien können über sie auch nicht organisierbare oder nicht organisierte Interessen berücksichtigen. Die Landeslisten ermöglichen es ferner, die für die Arbeit der Fraktion auch nötigen Experten ins Parlament zu bringen. Sie sind schließlich ein entscheidendes Instrument, um den regionalen und personellen Ausgleich innerhalb der Partei sicherzustellen sowie bei der Aufstellung der Wahlkreisbewerber nicht erreichte Schwerpunkte wirtschaftspolitischer, kultureller, religiöser oder anderer Art zu berücksichtigen. Die Landesliste wird dabei im Laufe der Zeit und von Partei zu Partei unterschiedlichen Aufgaben dienen. Die örtlichen Parteiorganisationen werden in diesem Prozeß immer einen stärker re-

[204] Zur Funktion von Landeslisten und den ihre Aufstellung beherrschenden Proporzgesichtspunkten siehe Kaack, a. a. O. (s. Anm. 30), S. 621 ff.

[205] Vgl. zur Notwendigkeit und Stärke des Pluralismus der Repräsentation durch das Parlament: Scheuner, Staatsrechtslehrertagung 1974 (s. Anm. 3), S. 121—123.

gional auf die Person ihres Wahlkreisbewerbers bezogenen Standpunkt vertreten, während die Parteispitzen auf eine überregionale, repräsentative Zusammensetzung der Liste bedacht sein werden. Diese unterschiedlichen Betrachtungsweisen sind immer wieder neu gegeneinander abzuwägen und auszubalancieren. Dazu bedarf es jedoch einer gewissen Lenkung durch die überörtlichen Parteigremien[206]. Die hier vorgestellten Modelle einer stärkeren Beteiligung der Parteimitglieder an der Aufstellung der Landesliste würden jedoch die Aufgabe, den nötigen Interessenausgleich und die nötige Interessenpluralität zu gewährleisten, erschweren, wenn nicht unmöglich machen. Sie ist zudem nicht so notwendig, wie es zunächst erscheinen mag, weil schon nach dem bisherigen Verfahren ein erheblicher Teil der Listenbewerber zugleich als Wahlkreisbewerber aufgestellt ist[207] und von daher die gewünschte unmittelbare Legitimation durch die Parteibasis besitzt. So sollen z. B. von den 200 Abgeordneten des nordrhein-westfälischen Landtages 170 unmittelbar von den örtlichen Parteigliederungen vorgeschlagen sein[208]. Um der geschilderten Funktion der Landesliste willen sollte jedoch nicht zwingend vorgeschrieben werden, daß auf der Liste ausschließlich Bewerber zu nominieren sind, die auch in einem Wahlkreis kandidieren[209]. Schließlich könnte ein Bedürfnis nach unmittelbarem Einfluß der Parteimitglieder auf die Zusammensetzung der Landesliste weiter dadurch verringert werden, daß in das Bundeswahlgesetz ein System der „halb offenen" Listen eingeführt würde[210]. Nach allem sollte das bisherige Verfahren der Aufstellung der Landesliste im Grundsatz beibehalten werden. Es sollte aber erwogen werden, ob nicht im Rahmen dieses Verfahrens der Kreis der Vorschlagsberechtigten ausgedehnt und auf der Landesdelegiertenkonferenz über die Liste allgemein nur Platz für Platz abgestimmt werden könnte[211].

---

206 H. Peters, a. a. O. (s. Anm. 156), S. 349.

207 S. Anm. 145.

208 Scheffler, Enquete-Kommission Verfassungsreform, a. a. O. (s. Anm. 195), Protokoll Nr. 13/72.

209 A. A. H. Meyer, a. a. O. (s. Anm. 3), S. 116 (LS 30).

210 Wahlrechtskommission (s. Anm. 3), S. 116.

211 Zeuner, Wahlen ohne Auswahl (s. Anm. 30), S. 179/180.

d) Briefwahl der Delegierten

Statt durch eine unmittelbare Wahl der Bewerber in Form der Briefwahl könnte der Einfluß der Parteimitglieder auf die Kandidatenaufstellung auch durch eine Briefwahl der Delegierten erweitert werden[212]. Eine solche Briefwahl der Delegierten ist sowohl für die Wahl der Vertreter zur Wahlkreisdelegiertenkonferenz als auch für die Wahl der Vertreter zur Landeslistenkonferenz denkbar. Vom Zweck der Briefwahl her gesehen ist ein solches Verfahren jedoch allenfalls für die Wahl der Delegierten zur Landeslistenkonferenz zu empfehlen.

Parteiinterne Briefwahlen sollen soweit möglich dem Parteimitglied einen unmittelbaren Einfluß auf die Auswahl der Kandidaten ermöglichen. Gegenüber der mittelbaren Wahl der Bewerber über Delegierte soll damit der Wahlvorgang für die Parteimitglieder durchsichtiger werden. Diese Vorzüge einer Urwahl gingen bei einer Briefwahl der Delegierten verloren. Auch ist zu bedenken, daß schon die Bewerber selbst nicht allen Parteimitgliedern bekannt sein dürften; um so weniger werden die Delegierten und ihre politischen Präferenzen bekannt sein. Zudem könnten die Parteimitglieder bei einer Briefwahl der Delegierten nicht wie bisher ihre Stimmabgabe danach ausrichten, für welchen Bewerber sich die vorgeschlagenen Delegierten bei ihrer Wahl aussprechen. Es bestünde von daher die Gefahr, daß die Delegierten auch leichter beeinflußt und zum „Umfallen" bewegt werden könnten[213]. Eine Wahl der Delegierten für die Wahlkreiskonferenz in Form der Briefwahl ist aus diesen Gründen entgegen dem Votum der Enquete-Kommission Verfassungsreform des Deutschen Bundestages[214] nicht zu befürworten.

Dagegen ist eine Wahl der Delegierten für die Landeslistenkonferenz in Form der Briefwahl zumindest erwägenswert. Hier ist eine unmittelbare Wahl der Listenbewerber durch die Parteimitglieder aus den oben dargelegten Gründen[215] nicht zu empfeh-

212 Siehe die Vorschläge von Schmitt-Vockenhausen, Seminartagung (s. Anm. 28), S. 43 sowie der Enquete-Kommission Verfassungsreform, a. a. O. (s. Anm. 195), Protokoll Nr. 13/68.

213 Dazu Naschold, a. a. O. (s. Anm. 41), S. 92.

214 S. Anm. 212.

215 S. oben S. 60 ff.

len. Es könnte sich daher rechtfertigen, zumindest die Basis der Delegiertenwahl durch eine Briefwahl zu erweitern. Dabei ginge es nur um die Wahl der jeweils auf die örtliche Parteigliederung entfallenden Delegierten. Ihre Wahl ließe sich in das für die Aufstellung der Wahlkreisbewerber vorgeschlagene Briefwahlverfahren[216] in der Weise einfügen, daß sich die als Delegierte vorgeschlagenen Kandidaten ebenso wie die Bewerber für den Wahlkreisvorschlag in der örtlichen Mitgliederversammlung vorzustellen hätten. Mit der Briefwahl des Wahlkreisbewerbers könnte dann zugleich auf einem besonderen Stimmzettel die schriftliche Wahl der Delegierten für die Landeslistenkonferenz verbunden werden[217]. Auf diese Weise könnte der organisatorische Aufwand erheblich eingegrenzt werden. Das Bundeswahlgesetz sollte es den Parteien zumindest freistellen, eine solche Wahl der Delegierten für die Landeslistenkonferenz in Form einer Briefwahl durch die Parteimitglieder durchführen zu dürfen.

7. Vorschlag zur Änderung des Bundeswahlgesetzes

Das Bundeswahlgesetz in der Fassung der Bekanntmachung vom 1. September 1975 (BGBl. I S. 2325) sollte aufgrund der bisherigen Ausführungen in zweifacher Hinsicht geändert werden.

Zunächst wäre § 21 Abs. 1 BWahlG um folgenden letzten Satz zu ergänzen:

> „Die Wahl des Wahlkreisbewerbers kann auch durch Briefwahl der im Wahlkreis zum Bundestag wahlberechtigten Mitglieder der Partei erfolgen."

Dann wäre für die Aufstellung der Listenbewerber § 27 Abs. 5 BWahlG wie folgt zu ändern:

> „§ 21 Abs. 1 Satz 1 bis 4, Abs. 3, 5 und 6 sowie die §§ 22 bis 25 gelten entsprechend mit der Maßgabe, daß die Wahl der Vertreter für eine besondere oder allgemeine Vertreterversammlung durch Briefwahl der im Gebiet der Landesliste zum Bundestag wahlberechtigten Mitglieder der Partei erfolgen kann ..."

Das Bundeswahlgesetz machte dadurch den Parteien ein erweitertes Angebot, wie sie ihren Mitgliedern einen verstärkten Einfluß

[216] S. oben S. 57 ff.

[217] In diesem Sinne Schmitt-Vockenhausen, Seminartagung (s. Anm. 28), S. 47.

auf die Kandidatenaufstellung einräumen oder einen innerparteilichen Gruppenwettbewerb(-konflikt) durch andere Verfahren austragen könnten.

Der Gesetzgeber würde diesen Prozeß nicht durch ein einheitlich zwingend vorgeschriebenes Verfahren beeinflussen, sondern es der Autonomie und dem politischen Ermessen der Parteien überlassen, ob sie von den neu im Gesetz vorgesehenen Alternativen Gebrauch machen oder weiterhin ihre Kandidaten nach den schon bisher zulässigen Verfahren aufstellen wollen. Die hier vorgeschlagenen zusätzlichen Alternativen entsprechen mindestens ebenso wie die bisherigen Verfahren der Kandidatenaufstellung den Vorstellungen innerparteilicher Demokratie. Schon aus dem Gesichtspunkt der Parteienautonomie ist es daher nicht gerechtfertigt, sie wie bisher gesetzlich auszuschließen. Die Kosten für die Durchführung parteiinterner Briefwahlen sollten die Parteien, die dieses Verfahren im Einzelfall oder allgemein wählen, selbst tragen[218]. Sollte sich das Briefwahlverfahren einbürgern, dann könnte es sich aber empfehlen, die den Parteien dadurch entstehenden Mehrkosten pauschal bei der Bemessung der Höhe der Wahlkampfkostenpauschale des § 18 Abs. 1 PartG mitzuberücksichtigen.

IV. Stärkung des Einflusses der „Wahlbürger"

Die vorgeschlagenen Verfahren einer parteiinternen Briefwahl können die Basis für die Auswahl der Parlamentsbewerber gemessen an der Zahl der Wahlberechtigten nur geringfügig erweitern. Zudem leitet sich die Legitimation des politischen Mandats letztlich nicht von den Parteimitgliedern, sondern von der Wählerschaft insgesamt ab[219]. Es gilt daher nach Verfahren zu suchen, die die Wahlgewalt des Volkes nicht länger auf die Entscheidung zwischen mehreren bereits feststehenden Führungseliten beschränken, sondern es dem Wähler darüber hinaus ermöglichen, auch auf die Zusammensetzung der Führungselite der von ihm favorisierten

[218] Vgl. in diesem Sinne die Enquete-Kommission Verfassungsreform des Deutschen Bundestages in ihrer 28. Sitzung am 20./21. Februar 1976, Protokoll Nr. 28/58 ff.; demgegenüber neigt Schmitt-Vockenhausen, Seminartagung (s. Anm. 28), S. 77/78 dazu, die entstehenden Kosten jeder Partei zumindest teilweise pauschal zu erstatten.

[219] Vgl. Hättich, a. a. O. (s. Anm. 83).

Partei Einfluß zu nehmen[220]. Dafür bieten sich eine Reihe von Verfahrensmodellen an.

1. *Nomination mehrerer Wahlkreisbewerber*

Ein unmittelbarer Einfluß des Wählers auf die Auswahl des Wahlkreisbewerbers könnte dadurch erreicht werden, daß die Parteien statt wie bisher einen, künftig zwei[221] oder drei Kandidaten vorzuschlagen hätten[222]. Der Wähler könnte dann die ihm weniger genehmen Kandidaten streichen. Sollte er keinen Namen streichen, könnte seine Stimme als für den an erster Stelle des angekreuzten Wahlvorschlags stehenden Bewerber abgegeben gelten. Bei der Stimmauszählung wäre zunächst der Wahlvorschlag derjenigen Partei zu ermitteln, der insgesamt die meisten Stimmen erhalten hat; danach wäre festzustellen, wer unter den mehreren Bewerbern dieses Wahlvorschlages die (relative) Mehrheit erzielt hat.

Ein solches Verfahren wäre für den Wähler überschaubar und organisatorisch ohne größeren Aufwand zu verwirklichen. Es ist jedoch fraglich, ob es den Parteien möglich sein wird, für ein Verfahren mit derart unsicherem Ausgang zugleich mehrere geeignete Bewerber zu finden. Auch ist eine Rivalität zwischen den Bewerbern ein und derselben Partei zu befürchten, die leicht die Grenzen eines gesunden Wettbewerbs überschreiten könnte[223]. Das dargestellte Verfahren der Nomination mehrerer Wahlkreisbewerber ist daher nicht zu empfehlen. Es würde zudem das mit der vorgeschlagenen parteiinternen Briefwahl des Wahlkreisbewerbers verfolgte Ziel beeinträchtigen.

2. *Kooptation von Nichtparteimitgliedern*

Das Monopol der Parteien bei der Kandidatenaufstellung könnte auch dadurch gemildert werden, daß Nichtparteiangehörige

[220] Zur Begründung dieser Ausgangsposition siehe oben S. 25 ff.

[221] So H. Meyer, a. a. O. (s. Anm. 3), S. 116 (LS 30) und S. 176.

[222] Dazu H. Peters, a. a. O. (s. Anm. 156), S. 355/356; Walter Luthmann, Die innere Ordnung der Parteien nach dem Grundgesetz und ihre Ausführung durch das Parteiengesetz, Diss., 1961, S. 124/125.

[223] Vgl. die ähnlichen Bedenken gegenüber dem Vorschlag, für den Wahlkreisabgeordneten zugleich ein oder zwei Ersatzleute mitwählen zu lassen: Joachim Henkel, Mandatsverlust bei Ausscheiden eines Abgeordneten aus seiner Fraktion oder Partei, DÖV 1974, S. 181 (184/185).

an dem parteiinternen Verfahren der Kandidatenauswahl beteiligt würden[224]. So wäre es denkbar, daß in den Mitgliederversammlungen der Parteien bei der Wahl der Parteivertreter zugleich ein bestimmter Anteil nicht der Partei angehöriger Bürger für die Vertreterversammlung zur Aufstellung der Wahlkreis- und der Listenbewerber mitbestimmt würde. Ein solches Verfahren könnte die Basis der Kandidatenaufstellung nur geringfügig über den Kreis der Parteimitgliedschaft erweitern und verspricht auch darum keine wesentlichen Impulse von außen, weil die zuständigen Parteigremien jeweils nur ihnen bekannte und genehme Bürger kooptieren würden. Einen wirksamen Einfluß auf die Kandidatenauswahl durch nicht einer Partei angehörige Wähler versprechen aber unter Umständen die folgenden Systeme „lose gebundener" Listen.

3. *System des „Reihens und Streichens"*

Das österreichische Wahlrecht kannte seit der Nationalratswahlordnung vom 18. Mai 1949 bis zur Nationalratswahlordnung 1970[225] ein System der lose gebundenen Listen. Die Wähler konnten danach die Reihenfolge der Kandidaten auf den Kreiswahllisten der Parteien durch „Reihen oder Streichen" verändern. Dieses System findet sich heute noch im Landtagswahlrecht von Niederösterreich, Salzburg, der Steiermark sowie in Tirol. Das Interesse der österreichischen Wähler am „Reihen und Streichen" soll aber nur gering gewesen sein. Aufgrund dieses Systems soll nur bei den Wahlen im Jahre 1949, 1953 und 1956 je ein Kandidat der Österreichischen Volkspartei auf einen besseren Platz vorgerückt sein. Später soll das „Reihen oder Streichen" nicht mehr zu Veränderungen auf den Kandidatenlisten der Parteien geführt haben, obgleich gerade bei der Nationalratswahl 1966 gezielte Versuche zu beobachten waren, bestimmte Bewerber der Volkspartei von den Listen zu streichen. Ab 1959 konnte daher das österreichische System der lose gebundenen Listen allenfalls noch

224 Siehe im einzelnen: H. Peters, a. a. O. (s. Anm. 156), S. 357—358, Wahlrechtskommission (s. Anm. 3), S. 114—115 und 117, Luthmann a. a. O. (s. Anm. 222), S. 125—127 sowie Wolfrum, a. a. O. (s. Anm. 151), S. 195.

225 BGBl. Nr. 61/1970, S. 728 v. 13. Februar 1970.

als Indikator für die Popularität einzelner Kandidaten dienen, galt aber weithin nur als „Augenauswischerei"[226].

4. System der „Vorzugsstimme"

Die österreichische Nationalratswahlordnung 1971[227] führte daher anstelle des Reihens und Streichens die „Vorzugsstimme" ein. Als Vorbild diente das Wahlsystem in Südtirol[228]. Das neue österreichische Wahlrecht gibt dem Wähler aber im Unterschied zum Südtiroler System statt drei nur eine Vorzugsstimme. Es wurde erstmals bei der Wahl zum Nationalrat im Herbst 1975 erprobt. Besondere Auswirkungen auf die Kandidatenlisten der Parteien sind nicht bekannt geworden. Es scheinen sich damit schon vorher geäußerte Zweifel daran, daß der Wähler mit seiner Vorzugsstimme tatsächlich Kandidaten erfolgreich umplazieren könne[229], bewahrheitet zu haben. Ein in den Niederlanden bestehendes System der Vorzugsstimme soll ebenfalls bisher ohne praktische Bedeutung geblieben sein[230].

5. System des „freien Wahlbewerbers"

Österreich bietet im Wahlrecht zum Landtag in Vorarlberg eine weitere Besonderheit. Dort kann der Wähler nach § 61 der Vorarlberger Landtagswahlordnung ihm nicht genehme Bewerber streichen und zusätzlich auf dem Stimmzettel den Namen einer Person einsetzen, die er sich als Abgeordneten wünscht. Bei der Landtagswahl im Jahre 1964 sollen 0,05 v. H. der Wähler einen solchen „freien Wahlbewerber" als Ersatz für einen gestrichenen Kandidaten auf den Stimmzettel gesetzt haben. Ein entscheidender Einfluß des Wählers auf die Kandidatenlisten war jedoch bisher aufgrund dieses Systems nicht festzustellen[231]. Dem Vorarl-

---

[226] Siehe dazu Diem/Neisser, a. a. O. (s. Anm. 159), S. 67—71; Heinz Fischer, Wahlpunkte und Vorzugsstimmen, Österreichische Zeitschrift für öffentliches Recht 1971, S. 95 (96—107).

[227] BGBl. Nr. 98/1970, S. 1961 v. 22. Dezember 1970; siehe im einzelnen Herbert Schambeck, Die Entwicklung des österreichischen Wahlrechts, JöR N. F. Bd. 21 (1972), S. 247—287.

[228] Siehe Diem/Neisser, a. a. O. (s. Anm. 159), S. 72—78.

[229] Fischer, a. a. O. (s. Anm. 226), S. 107—112.

[230] Geismann, a. a. O. (s. Anm. 188), S. 37/38.

[231] Diem/Neisser, a. a. O. (s. Anm. 159), S. 71—72.

berger System des „freien Wahlbewerbers“ entspricht in einigen amerikanischen Bundesstaaten das im Rahmen von Vorwahlen übliche „write-in“-Verfahren. Es hat ebenfalls keine wesentliche Bedeutung erlangt, wurde aber z. B. in Kalifornien wieder verboten, da zu viele Wähler aus Protest gegen die offiziellen Bewerber für Micky Mouse oder ähnliche Phantasiegestalten gestimmt hatten[232].

6. System des „Kumulierens und Panaschierens“

In der Schweiz wird der geringe Einfluß der Parteimitglieder auf die Kandidatenaufstellung[233] durch die Möglichkeit des Kumulierens und Panaschierens im Wahlakt selbst weithin wieder ausgeglichen, sofern es nicht zu sog. „stillen Wahlen“[234] kommt. Das Kumulieren und Panaschieren erlaubt es dem Wähler, die Kandidaten auf den Parteilisten in der Wahl beliebig zu reihen, indem er ihm nicht genehme Kandidaten streicht oder von ihm bevorzugte Kandidaten zweimal auf die Liste setzt. Zudem kann sich der Wähler zwar für eine bestimmte Parteiliste entscheiden, aber dort auch Namen parteifremder Kandidaten einfügen oder verschiedene Kandidaten unterschiedlicher Parteien auf einer leeren Liste nach eigenen Wünschen zusammenstellen. Dieses Panaschieren ist für die Rangfolge der Kandidaten ganz erheblich. Besonders die populären Kandidaten kleinerer Parteien sollen daraus in der Regel größeren Nutzen ziehen. Die Schweizer Wähler sollen von ihrem Recht des Kumulierens und Panaschierens in zunehmendem Maße Gebrauch machen und dadurch in zahlreichen Einzelfällen Kandidaten auf aussichtslosen Listenplätzen zum Erfolg verhelfen[235].

---

232 Müller-Wigley, a. a. O. (s. Anm. 151), S. 347.

233 Siehe zur Kandidatenaufstellung in der Schweiz: Erich Gruner, Die Parteien in der Schweiz, Bern 1969, S. 197—204; Carl-August Conrad, Die politischen Parteien im Verfassungssystem der Schweiz, Frankfurt/M 1970, S. 101 bis 103; der Einfluß des Parteivolks auf die Kandidatenaufstellung in der Schweiz wird dagegen idealisiert von Karl Jaspers, Wohin treibt die Bundesrepublik?, München 1966, S. 200; Henkel, Seminartagung (s. Anm. 28), S. 144—145.

234 Klaus Schumann, Das Regierungssystem der Schweiz, 1971, S. 57; Conrad, a. a. O. (s. Anm. 233), S. 148—149.

235 Schumann, a. a. O. (s. Anm. 234), S. 53—55; Conrad, a. a. O. (s. Anm. 233), S. 141—142 und 147—148; Max Imboden, Die Repräsentation der Nation — Fiktion und Wirklichkeit, in: Neue Züricher Zeitung v. 6. Februar 1969.

Das Kumulieren und Panaschieren hat sich auch im Kommunalwahlrecht Baden-Württembergs[236] bewährt[237]. Es kann daher wertvolle Anregungen für das Überdenken des gegenwärtigen Listenwahlsystems nach dem Bundeswahlgesetz vermitteln, obgleich es infolge seiner vielfältigen Gestaltungsmöglichkeiten für den Wähler nur in einem kleineren, überschaubaren Rahmen von Vorteil sein wird[238].

7. Bayerisches System der „halb offenen" Listen

In den Wahlen zum bayerischen Landtag hat der Wähler wie bei den Wahlen zum Deutschen Bundestag zwei Stimmen: eine zur Wahl eines Stimmkreisbewerbers (= Wahlkreisbewerbers i. S. des BWahlG) und eine zur Wahl eines Wahlkreisbewerbers (= Listenbewerbers i. S. des BWahlG). Anders als das Bundeswahlgesetz räumt das bayerische Landtagswahlrecht dem Wähler jedoch das Recht ein, nicht nur die Liste als solche zu kennzeichnen, sondern auf der Wahlkreisliste der von ihm bevorzugten Partei einen Bewerber anzukreuzen und dadurch die Reihenfolge der Bewerber auf der Liste zu beeinflussen[239].

---

[236] Bad.-Württ. Kommunalwahlgesetz (KomWG) i. d. F. v. 21. Juli 1965 (GBl. S. 185) i. V. m. § 15 Abs. 2 Kommunalwahlordnung (KWO) i. d. F. v. 21. Juli 1965 (GBl. S. 195) für die Wahl der Gemeinderäte und der Gemeindeverordneten.

[237] Die FDP hat auf ihrem 26. Ordentlichen Bundesparteitag am 27. bis 29. Oktober 1975 in Mainz empfohlen, allgemein bei der Wahl zum Gemeinderat das System des Kumulierens und Panaschierens einzuführen (Thesen zur Kommunalpolitik, II 1 a).

[238] H. Peters, a. a. O. (s. Anm. 156), S. 356; vgl. auch Wahlrechtskommission (s. Anm. 3), S. 25.

[239] Siehe die §§ 35, 48, 51, 53 und 54 des bay. Gesetzes über Landtagswahl, Volksbegehren und Volksentscheid (Landeswahlgesetz) i. d. F. der Bekanntmachung v. 6. März 1974 (GVBl. S. 133); dazu im einzelnen: Emil Hübner, Einflußmöglichkeiten des Bürgers auf die Kandidatenauswahl: Das bayerische Landtagswahlrecht, in: Seminartagung (s. Anm. 28), S. 181—189; Bay. Statistisches Landesamt, Erfahrungen mit dem bayerischen Wahlverfahren, Anlage 1 zu Protokoll Nr. 12 der Enquete-Kommission Verfassungsreform des Deutschen Bundestages v. 13./14. Dezember 1974 sowie die Erörterung dieses Wahlverfahrens in der 13. und 22. Sitzung der Enquete-Kommission am 17./18. Januar und 26. September 1975, Protokoll Nr. 13/73—80 und Protokoll Nr. 22/5—23.

Die vom bayerischen Landtagswahlrecht dem Bürger eingeräumte Möglichkeit, die Auswahl der Listenbewerber zu bestimmen[240], wird stark in Anspruch genommen. Mehr als 80 v. H. der Wähler begnügen sich nicht damit, die Liste als ganze in der vorgelegten Form zu billigen, sondern bekunden mit der Abgabe der Zweitstimme zugleich ihre Vorliebe für einen bestimmten Listenbewerber. Wie die letzte Landtagswahl im Jahre 1974 wieder gezeigt hat[241], können die Wähler dadurch eine politische Richtungsaussage machen, die nicht zu übersehen ist und zu erheblichen Konsequenzen innerhalb der von ihnen gewählten Partei führen kann. Das bayerische Landtagswahlsystem ist zwar nicht so einprägsam wie das Verfahren zur Wahl des Deutschen Bundestages. Wie der ständige Rückgang der ungültigen Zweitstimmen zeigt, ist es aber vom Bürger doch zu bewältigen.

8. Plädoyer für die Einführung „halb offener" Listen

Die dargestellten Systeme „lose gebundener" Listen in Ländern mit einem Verhältniswahlsystem sind ein Versuch, den Wähler nicht nur auf die Wahl zwischen wenigen, von den Parteien vorgegebenen Führungsgruppen zu beschränken, sondern ihm einen begrenzten Einfluß auch auf die Auswahl der von den Parteien vorgeschlagenen Listenbewerber einzuräumen. Das bayerische Landtagswahlsystem empfiehlt sich im Unterschied zu den Verfahren in Südtirol, der Schweiz und Österreich dadurch, daß es sich bisher als besonders wirksam erwiesen hat.

Gegen die Einführung eines solchen (verfassungsrechtlich nicht zu beanstandenden)[242] Systems „halb offener" Listen in das Wahlrecht zum Deutschen Bundestag werden eine Reihe von grundsätzlichen und organisatorischen Bedenken erhoben[243]. Es soll dadurch die Verantwortlichkeit der Parteien für ihre Kandidaten

---

[240] Siehe auch das vergleichbare Verfahren im niedersächsischen Kommunalwahlrecht: § 30 Abs. 1 nds. Gemeinde- und Kreiswahlgesetz (NKWG) i. d. F. vom 24. Januar 1974 (GVBl. S. 27), zuletzt geändert durch Gesetz v. 11. Februar 1974 (GVBl. S. 57); vgl. dazu BVerfGE 12, 200.

[241] Hübner, a. a. O. (s. Anm. 239), S. 187—188.

[242] BVerfGE 12, 200 (204).

[243] Vgl. die Erörterung dieses Verfahrens in der Enquete-Kommission, a. a. O. (s. Anm. 239), Protokoll Nr. 22 sowie auf der Seminartagung, a. a. O. (s. Anm. 28), S. 216 ff.

verwischt und die Attraktivität der Parteimitgliedschaft weiter ausgehöhlt werden. Die Funktion der Listen[244], eine ausgeglichene, repräsentative und arbeitsfähige Fraktion zu gewährleisten, werde gefährdet. Der Listenbewerber werde stärker als bisher durch den Wahlkampf belastet. Jeder müsse jedem den Kampf ansagen. Auch sei es nicht möglich, die bisherigen Landeslistengebiete so aufzuteilen, daß der Bürger nach überschaubaren Listen wählen könne.

Diese Bedenken sprechen zunächst das grundsätzliche Verhältnis von Wähler und Partei und besonders das Selbstverständnis der Parteien an. Versteht sich eine Partei als programmatisch geschlossene Elite, dann wird sie jedem Einfluß des Wählers auf ihre Kandidatenliste widersprechen müssen[245]. Die im Deutschen Bundestag vertretenen Parteien haben sich jedoch unter Einschluß der Sozialdemokratischen Partei von Programmparteien zu Volksparteien entwickelt[246]. Die Gegner dieser Entwicklung sprechen verächtlich von ideologieabtrünnigen „Allerweltsparteien". Will aber eine Partei auf der Grundlage demokratischer Wahlen Einfluß auf die staatliche Willensbildung gewinnen, so ist sie gezwungen, unter Verzicht auf einseitige ideologische Aussagen möglichst viele Gruppen unter den Wählern für sich zu gewinnen. Volksparteien müßten daher von ihrem Selbstverständnis her ein System „lose gebundener" Listen befürworten, da es grundsätzlich geeignet ist, den Bürger näher an die von ihm favorisierte Partei heranzuführen. Dadurch wird auch nicht die Verantwortlichkeit der Partei für ihre Liste verwischt. Denn das Vorschlagsrecht der Parteien bleibt auch bei „halb offenen" Listen nach bayerischem Vorbild erhalten. Die Parteien stellen also in eigener Verantwortung die Listen auf und bestimmen die Reihenfolge der Kandidaten. Die Wähler können der Liste keine neuen Namen hinzufügen, sie können die Reihenfolge nur verändern. Dadurch steht zwar theoretisch jeder Platz auf der Liste zur Disposition des Wählers; durch eine Nomination auf den vorderen Plätzen kann eine Partei aber auch dann noch erreichen, daß von ihr besonders gewünschte Kandidaten eine

---

[244] S. dazu oben S. 63—64.

[245] Vgl. Michels, a. a. O. (s. Anm. 5), S. 403, der erklärt, offene Vorwahlen eigneten sich nur für ideologieabtrünnige „Volksparteien".

[246] Siehe nur Flechtheim, a. a. O. (s. Anm. 31), B 1/74, S. 6.

größere Chance erhalten, auch tatsächlich gewählt zu werden[247]. Die Kandidatenaufstellung innerhalb der Parteien bleibt somit weiterhin von erheblicher Bedeutung und nimmt der Parteimitgliedschaft nichts von ihrer Attraktivität, da sich der Einfluß des Wählers zudem auf die Auswahl der Listenbewerber beschränkt. Die bisherigen Ergebnisse der bayerischen Landtagswahlen haben schließlich gezeigt, daß das System der „halb offenen" Listen die Fraktionsplanung der Parteien nicht wesentlich erschwert hat. Es ist insoweit auch anzumerken, daß die Aufstellung der Listen nicht immer und in allen Punkten von derart sachlich zwingenden Gründen bestimmt sein dürfte[248], daß ihre Veränderung durch das Votum des Wählers als Unglück erscheinen müßte. Die Listenbewerber werden allerdings einen intensiveren Wahlkampf führen müssen als bisher, da sich keiner mehr allein auf seinen „sicheren" Listenplatz wird verlassen können. Diese Folge ist aber nur zu begrüßen. Es ist dabei kaum zu befürchten, daß der Wahlkampf in einen Kampf jedes gegen jeden ausarten wird. Im Unterschied zu dem Vorschlag, jede Partei solle zwei oder drei Wahlkreisbewerber zur Wahl anbieten, ist hier die Zahl der Listenbewerber derselben Partei so groß, daß vielmehr eine sachliche Spezialisierung der Kandidaten zu erwarten ist, um jeweils besondere Wählergruppen zu gewinnen.

Entscheidend ist demgegenüber jedoch die Frage, wie das Listengebiet begrenzt werden kann, um dem Wähler die Abgabe seiner Zweitstimme anhand eines überschaubaren Stimmzettels zu ermöglichen. Die bisherigen Landeslistengebiete wären dazu in regionale Listenkreise aufzugliedern, die sich an den Grenzen der Regierungsbezirke ausrichten könnten. Auch nach den Gebiets- und Verwaltungsreformen der vergangenen Jahre weisen die Regierungsbezirke noch erhebliche Größenunterschiede in ihrer Bevölkerung auf. Einer Listenwahl auf der Ebene der Regierungsbezirke könnten daher vom Grundsatz der Chancengleichheit der Bewerber und des gleichen Erfolgswerts der Stimmen her Bedenken begegnen. Sie ließen sich aber durch einen überregionalen Reststimmenausgleich auf Bundesebene und dadurch ausräumen, daß sich die Zahl der im Listenkreis zu vergebenden Mandate nach

247 Wahlrechtskommission (s. Anm. 3), S. 111.

248 Siehe nur Kaack, a. a. O (s. Anm. 30), S. 621 ff. und 375.

der Zahl der dort wahlberechtigten Bevölkerung richtete. Es ist jedoch nicht zu übersehen, daß die Einführung von regionalen Listenkreisen besonders die Wahlkreiseinteilung noch weiter komplizierte.

Es ist schließlich darauf hinzuweisen, daß die Einführung „halb offener" Listen die Kosten der Wahl erhöhte. Die Kosten für die Bundestagswahl 1972 beliefen sich auf rund 24 400 000,— DM. Sie werden für die Bundestagswahl 1976 voraussichtlich rund 36 000 000,— DM betragen[249]. Diese Summe würde sich durch eine Bundestagswahl nach bayerischem Wahlsystem noch um rund 2 300 000,— DM erhöhen[250].

Diese Nachteile eines Systems „halb offener" Listen nach bayerischem Vorbild werden jedoch durch seine Vorzüge ausreichend wettgemacht. Es erhielte dadurch auch die Listenwahl ein Element der Persönlichkeitswahl. Die Listenbewerber bekämen eine bessere Chance, in den regionalen Listenkreisen einen unmittelbaren Kontakt zum Wähler zu gewinnen[251]. Dadurch würden auch die graduellen Unterschiede in der Legitimation von Wahlkreis- und Listenbewerbern ausgeglichen[252], die im Jahre 1972 zu dem Vorschlag führten, bei Partei- und Fraktionswechsel den Verlust des Mandats allein für die über die Landeslisten der Parteien gewählten Abgeordneten einzuführen[253]. Es würde ferner die Integrationswirkung der Parteien gestärkt, da die Wähler durch eine Wahl nach „halb offenen" Listen insgesamt näher an die Parteien und ihre Kandidaten herangeführt würden. Die Listenbewerber könnten sich nicht mehr allein auf eine Karriere innerhalb der Partei und den ihnen dafür von der Partei eingeräumten „sicheren" Listenplatz verlassen. Der Wähler könnte durch seinen Einfluß auf die Liste auch dem Trend zum Berufsparlamentarier oder der Überrepräsentation einer Gruppe unter den Listenbewerbern ent-

---

[249] Drs. 143 der Enquete-Kommission Verfassungsreform des Deutschen Bundestages v. 19. Juni 1975.

[250] Drs. *zu* Nr. 143 der Enquete-Kommission Verfassungsreform des Deutschen Bundestages v. 16. Juli 1975.

[251] Aus diesem Grunde befürwortet auch die Wahlrechtskommission (s. Anm. 3), S. 50/51 kleine Listenwahlkreise.

[252] Hans-Peter Schwarz, Die Wähler sollten über die Landeslisten mitbestimmen können. Ein Vorschlag zur Stärkung der Legitimation des freien Mandats, in: Frankfurter Allgemeine v. 10. Juni 1972.

[253] Vgl. dazu Henkel, a. a. O. (s. Anm. 223), S. 183—184.

gegentreten. Die Wahlgewalt des Volkes wäre schließlich nicht länger beschränkt auf die Wahl zwischen von den Parteien festgelegten Führungsgruppen. Vielmehr könnte der Wähler auch auf die Zusammensetzung dieser Führungsgruppen Einfluß nehmen und durch seine Stimmabgabe für bestimmte Listenbewerber eine deutliche politische Richtungsaussage für die von ihm gewählte Partei treffen. Das bayerische System der „halb offenen" Listen sollte daher im Grundsatz auch für die Wahlen zum Deutschen Bundestag eingeführt werden[254]. Insoweit sind jedoch folgende Fragen noch weiter zu überdenken:

(1) Zunächst ist eine durchschnittliche Größe für die regionalen Listenkreise zu entwickeln, die einen überschaubaren Stimmzettel ermöglicht und zugleich Rücksicht nimmt auf die Verwaltungsgrenzen (vgl. § 3 Abs. 3 Satz 1 BWahlG) sowie die Organisationseinheiten der Parteien.

(2) Um der Chancengleichheit der Listenbewerber und der Stimmengewichtsgleichheit[255] willen ist darauf zu achten, daß sich die Unterschiede in der Größe der Listenkreise in vertretbaren Grenzen halten (vgl. § 3 Abs. 3 Satz 2 BWahlG) und ein geeignetes System für einen Reststimmenausgleich auf Bundesebene bereitgestellt wird.

(3) Das bayerische Wahlsystem sieht vor, daß sich der Listenplatz von Bewerbern, die zugleich in einem Stimmkreis (= Wahl-

[254] *So* eine qualifizierte Minderheit in der Enquete-Kommission, a. a. O. (s. Anm. 239), Protokoll Nr. 22/23 (die Mehrheit konnte sich aufgrund von Bedenken hauptsächlich organisatorischer Art diesem Votum nicht anschließen); H.-P. Schwarz, a. a. O. (s. Anm. 252); H. Meyer, a. a. O. (s. Anm. 3), S. 116 (LS 30); ebenso die FDP in ihrer Nürnberger Wahlplattform von 1969, wo es zur Kandidatenauswahl heißt: „Der Bürger soll nicht nur die von ihm bevorzugte Partei wählen können, sondern mit seiner Stimme auch die von den Parteien aufgestellte Reihenfolge der Kandidaten auf den Listen verändern können" (I 3); damit war das bayerische Wahlsystem gemeint (so Meuschel, Seminartagung, s. Anm. 28, S. 30); vgl. auch die Wahlrechtskommission (s. Anm. 3), S. 117 und 126, die sich von einem „personalisierten" Wahlsystem eine stärkere erzieherische Wirkung verspricht als von reinen Proportionalwahlen; *dagegen:* Manfred Friedrich, Erweiterte Legitimation des freien Abgeordnetenmandats?, ZParl 1972, S. 385; Schreiber, a. a. O. (s. Anm. 36), S. 324.

[255] Vgl. dazu Joachim Henkel, Berücksichtigung der im Bundesgebiet lebenden Ausländer bei der Wahlkreiseinteilung?, BayVBl. 1974, S. 483 (484—487).

kreis i. S. des BWahlG) und einem Wahlkreis (= Landesliste i. S. des BWahlG) aufgestellt sind, nach den für sie abgegebenen Erst- und Zweitstimmen berechnet[256]. Sie werden dadurch im Vergleich zu solchen Bewerbern, die allein in einem Stimmkreis kandidieren, erheblich begünstigt. Um der Chancengleichheit der Listenbewerber willen sollten daher bei Doppelkandidaturen die auf den Bewerber entfallenden Erst- und Zweitstimmen nicht zusammengerechnet werden. Die Reihenfolge auf der Liste sollte sich vielmehr für alle Listenbewerber aufgrund der für sie abgegebenen Zweitstimmen ermitteln. Der Wähler wäre dann nicht gezwungen, dem auch auf der Liste kandidierenden Direktkandidaten mit der Abgabe der Erststimme zugleich einen Vorteil auf der Liste zu verschaffen. Zudem würde eine Trennung der beiden Stimmen das Wahlverfahren durchsichtiger machen und dem Wähler einen stärkeren Einfluß auf die Liste einräumen[257].

(4) Nach dem bayerischen Wahlsystem kann der Wähler mit seiner Zweitstimme ferner nur einen Listenbewerber ankreuzen. Dadurch werden einseitig die Spitzenpolitiker der Parteien begünstigt. Der Wähler sollte daher mit seiner Zweitstimme bis zu drei Listenbewerber ankreuzen dürfen. Er könnte auf diese Weise eine differenziertere politische Richtungsaussage machen und mehreren Bewerbern zugleich die Chance zum Aufrücken auf der Liste geben.

Mit der Einführung eines so modifizierten Systems der „halb offenen" Listen in das Wahlrecht zum Deutschen Bundestag erhielte der Wähler mit seiner Zweitstimme einen überschaubaren deutlichen Einfluß auf die Auswahl der Listenbewerber, der gleichwohl das Vorschlagsrecht und die Verantwortung der Parteien für ihre Kandidaten wahrte. Zusammen mit den Vorschlägen für eine Aufstellung der Wahlkreisbewerber im Wege der parteiinternen Briefwahl würden dadurch die politischen Bürgerrechte der Parteimitglieder und der parteilosen Wähler bei der Auswahl der Parlamentsbewerber erheblich gestärkt, ohne daß damit die Funktions-

[256] Art. 54 bay. Landeswahlgesetz (s. Anm. 239).
[257] So das Bay. Statistische Landesamt, a. a. O. (s. Anm. 239).

fähigkeit des Regierungssystems der Bundesrepublik beeinträchtigt würde. Diese Chance, den Abstand zwischen Wählern und Gewählten abzubauen und die Identifikation des Bürgers mit seinen Repräsentanten im Parlament zu fördern, sollte nicht ungenutzt bleiben.

FSC
www.fsc.org
MIX
Papier | Fördert
gute Waldnutzung
FSC® C083411

Kolibri 360 GmbH
Ferdinand-Jühlke-Straße 7
99095 Erfurt, Deutschland
produktsicherheit@kolibri360.de